海南文獻叢刊·方志一

# 海南建置沿革史

王 會 均 著

文史哲出版社印行

國家圖書館出版品預行編目資料

海南建置沿革史 / 王會均著 -- 初版 -- 臺北
市：文史哲, 民 102.07
頁； 公分. --（海南文獻叢刊；8）
ISBN 978-986-314-136-5（平裝）

1.歷史地理 2.海南省

673.73 102016090

海南文獻叢刊 8

# 海南建置沿革史

著 者：王 會 均
出 版 者：文 史 哲 出 版 社
http://www.lapen.com.tw
e-mail:lapen@ms74.hinet.net
登記證字號：行政院新聞局版臺業字五三三七號
發 行 人：彭 正 雄
發 行 所：文 史 哲 出 版 社
印 刷 者：文 史 哲 出 版 社
臺北市羅斯福路一段七十二巷四號
郵政劃撥帳號：一六一八〇一七五
電話886-2-23511028・傳真886-2-23965656

實價新臺幣三四〇元

中華民國一〇二年（2013）七月初版

ISBN 978-986-314-136-5 66908

海南文獻叢刊

王會均編纂

吳大猷題

II　海南建置沿革史

# 海南文獻叢刊龔序

　　海南（舊名瓊崖）孤懸海外，為我國南疆國防之重要屏障，世人固知之諗矣，而其礦藏之豐富，土壤之膏沃，教育之普及，民俗之淳厚等等，則鮮為世悉。鼎革以還，南中及國內各界名流，曾聯名條陳建省，北伐統一，鄉人宋子文陳策諸人復大力倡議開發，喧騰一時，遂為世所矚目，因而私人旅遊觀光者有之，組隊探究考察者有之，建教機構之提綱調查，專業團體之特定撰述，林林總總，不一而足，撰述之項目雖殊，開發之主張則一，其受各方人士之重視，已可概見，而珠璣文章，亦可列為地方文獻而無愧。

　　緬維吾人有維護文獻之義務，尤有發揚光大之責任，民初之際，海口海南書局曾收集邱文莊海忠介二公與諸前賢之學術著作從政書疏與文稿，都三十餘種，編印為海南叢書行世，此舉對顯彰前賢，啟迪後學，與夫保存文獻各方面，厥功其偉，惜乎連年兵燹，多遭戰火而燬失，今能倖存者，想已無幾矣。

　　本邑王君會均，青年有爲，對於方志典籍以及地方文獻
等卷帙，搜存尤爲用心，前曾刊行海南文獻簡介一書，甚得
佳評，今特將多年收藏之四百餘種有關海南文獻典籍中，擇
其精要，作有系統之整理，編成「海南文獻叢刊」，而將次
第印行，冀保文獻於久遠，作開發之津梁，復可供邦人君子
暨中外學者作研究海南種種問題之參考，一舉數得亦可免珠
沉滄海，玉蘊深山而不得用世焉。

**龔少俠** 中華民國七十五年（1986）

丙寅十二月行憲紀念日

# 海南建置沿革史

# 目　　次

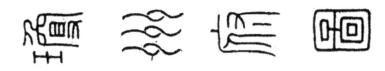

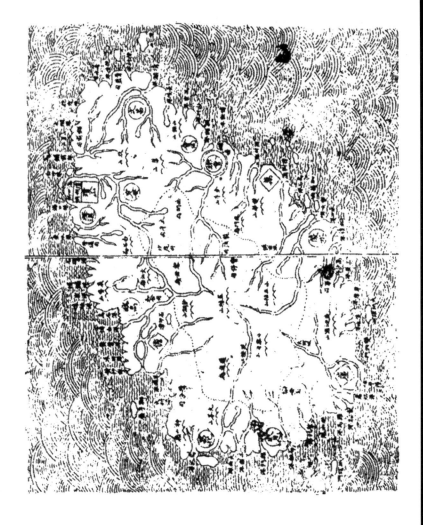

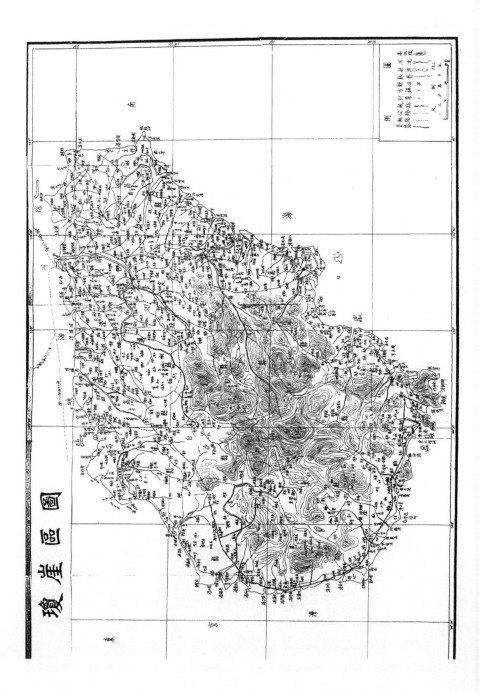

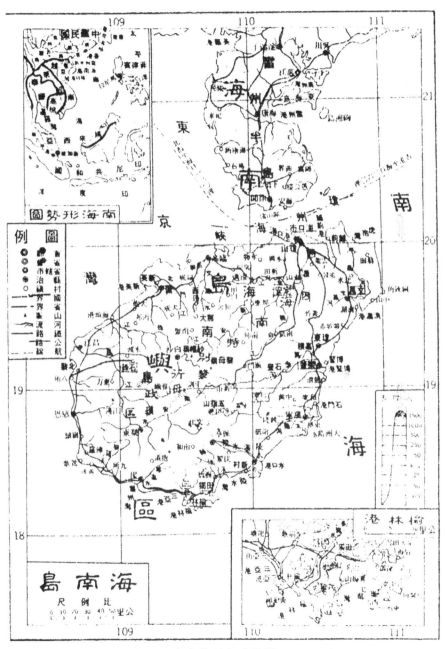

海南特別行政區圖

海南特別行政區圖

比例尺 1 : 2 200 000

# 書《海南建置沿革史》成

　　海南，來由有自。於縱線窺之，時間漫長，歷史悠久。就橫面言之，空間廣大，文化深厚。於今，追溯源本，探求史實，邦人士子，任重而道遠矣！

　　緣據郝思德《三亞落筆洞遺址》載，海南早在距今一萬年前，就有“三亞人”的活動。又據史實證明，至先秦時期，本島土著先民，早與中原王朝，已有政治和經濟聯繫，並內屬於中原王朝。

　　更具體地說，海南在唐虞之世為南交地，已內屬中原王朝。夏商周三代，在《禹貢》揚州或古揚州域內。春秋戰國為揚越地或百越地，於本島西部有部落組織 —— 儋耳國，亦稱“離耳國”或“瞻耳國”。

　　海南，本漢珠崖、儋耳二郡境地，隸屬交趾刺史部。三國屬東吳（孫權），五代為南漢（劉隱）統轄。明太祖洪武三年（1370）庚戌，廣東衛指揮僉事孫安（浙江人）奏請：升瓊州為府，首由宋希顏擢知瓊州府事，屬廣東承宣布政使司。清沿襲明制，於府外設按察司副使兼提學。後改雷瓊兵備道（瓊崖道），隸廣東省。

　　海南，自古為廣東行政管轄區域，乃廣東省屬九府之一（瓊州府）。世稱：南溟奇甸、南天一柱、南海明珠、海濱

鄒魯。俗稱：瓊州，或曰：瓊臺，簡稱：瓊。今名：海南省，
治設海口市（省直轄地級市）。

　　海南，僻處於邊陲，聳立大海中，為中國極南端最大島。
由於海南地域特殊關係，原住先民（土著化），深受中原移
民（內地化）影響。漢族移民增加，人口結構變化，於民族
間通婚，產生血脈交流。於是，中原文化（漢化）之移植、
傳播，發生落地生根作用，俾有茁壯、茂盛、開花、結果，
亦是海南"內地化"指針。

　　尤以明代（1384～1642）進士六十二名、舉人六○○名，
成績最為輝煌，殊為世人驚奇。其中丘濬官文淵閣大學士參
預機務（相當宰相），官至尚書者：薛遠、廖紀、王弘誨，
官至侍郎者：鍾芳、唐胄，官右都御史有海端，官至巡撫者：
邢宥、梁雲龍，官布政使者：胡濂，官按察使者：林士元，
曾任太學國子監祭酒（主管全國最高學府）者有丘濬、王弘
誨，至於官副使、參政、參議、知府、給事中、監察御史者，
則多不勝舉，故時有"鼎臣繼，名滿神州"美譽。於清初學
者屈大均，亦曾讚嘆不已。

　　按《海南建置沿革史》，是基於海南的觀點，從文史理
念，暨輿地角度，以"建置沿革"為論旨，作系統化分析，
綜合性探究，穿越"時空"界線，追尋"史事"真相，融貫
其思維和認知，俾有助士子方家查考。

　　本《海南建置沿革史》，採體裁和內容兼顧原則，於按
年紀事與紀事本末相互配合，力求「完美」和「全備」，以
構成完整性脈絡體系。

　　是《海南建置沿革史》，主要內容，分著如次：

　　卷之首：釋言，於先秦時期，對海南建置，質疑頗多，且諸家說法不一，是作“釋言”，以供查考。

　　卷之一：府、區、省，乃海南建置三大里程碑。計收論文四篇。曾刊於學術期刊，或文獻特刊，分著瓊州府建置沿革、海南特區建制經過，暨海南建省始末。

　　卷之二：州、自治州，海南在明清兩代，曾建置瓊州府。亦置有散州：儋州、萬州，暨崖州直隸州。至於海南黎族、苗族自治州，乃中華人民共和國成立後，新置行政機制（1952・4～1987・12），治設在今五指山市（縣級市）。

　　卷之三：縣（市）建置沿革，海南在明清時期，建置三州十縣。中華民國肇造，廢州改縣，領十三縣。民國二十四年（1935）四月，新置樂東、保亭、白沙三縣。海南特別行政區成立，建置爲一市十六縣。海南建省後，今置有三省直轄地級市、六直轄縣級市、四縣、四黎族自治縣、二黎族苗族自治縣，暨三沙市（新置直轄地級市），治所在西沙群島永興島。

　　卷之末：結語，綜就“海南”史名之來由，暨海南之別稱，依其屬性，概分八類，作系統化分析，綜合性詮釋，以建立完整的概念。

　　書末，附錄：一、民國瓊制大事記，二、海南建置沿革表，以供方家先進，暨邦人士子查考。

　　是《海南建置沿革史》書成，於海南師範大學教授李勃《海南島歷代建置沿革考》，立論客觀，釐清諸多疑點，獲益匪淺。文史哲出版社發行人彭正雄先生，精心規劃出版。內人邱美妹女史，生活照料，無微不至。使其心曠神怡，安康書成，皆功不可沒，特致謝忱，以示莫敢惑忘耶！

　　本《海南建置沿革史》，於書前冠有「輿圖」四幀：

　　〈**瓊州府圖**〉，係《大清一統志》（嘉慶重修本），隸屬廣東省九府之一。

　　〈**瓊崖區圖**〉，新置樂東、保亭、白沙三縣，領縣增爲十六縣，仍隸廣東省政府。

　　〈**海南特別行政區圖**〉，係由行政院內政部公佈，直隸行政院。

　　〈**海南省政區圖**〉（參見《海南省地圖冊》‧中國地圖出版社本‧頁 5-6），直隸中共國務院

　　綜窺四圖，各有所本，以不奪前人之美。

　　　　中華民國一〇二年（2013）癸巳二月二十八日
　　　　　王會均書於臺北市：海南文獻史料研究室

# 卷之首　釋　言

　　海南，歷史悠久源遠流長，文化積澱淵博深厚。然建置沿革課題，屬文化歷史範疇，於縱線時間（歷史）漫長，橫面空間（文化）廣大。於史前時代，典籍缺帙，無從稽考。

　　從〈我省發現一萬年前的三亞人遺址〉（海南日報，一九九三年一月十二日版）窺之，海南的人類社會歷史文化，肇始於一萬年前的三亞人。據三亞市東北隅落筆洞發掘（現）十三枚人類牙齒化石，分別代表老年、中年及青年，各年齡層的個體，經碳 14 測定，其年代距今一〇八九〇±一〇〇年，暨一〇六四二±二七〇年。於是顯見，在距今一萬年前，海南已有人類活動。斯時既然已有人類，亦必然要與島外世界有所交往。由於史實表示，至先秦時期，本島土著居民，已與中原王朝，發生有政治及經濟關係，並內屬於中原王朝。

　　至於先秦時期，海南之歸屬，由於史書記載欠明確，海南諸舊志說法不一，莫衷一是，令人疑惑。若深入探究，必勞心傷神，實非易事耶。今從諸史志記載，擇要分著如次：

　　明・唐　冑《正德　瓊臺志》（卷三・沿革考）：「瓊州府，唐虞三代為南服荒徼。舊志：古為揚越南境，《禹貢》不入，《職方》不書。」是今存海南舊志中，最古早的記載。

　　明・黃　佐《嘉靖　廣東通志》（圖經）云：「瓊州府，

本古雕題、離耳二國。漢武帝平南越,遣軍往漲海洲上,略得之,始置珠崖、儋耳二郡,督於交州。」(參見《道光　瓊州府志》卷之一・輿地志・歷代沿革)。

　　明・郭棐《粵大記》(卷一・事紀類・郡國釋名)按云:「唐置瓊州,本古雕題、離耳二國地。漢武帝征南越,置珠崖、儋耳二郡。」郭著,作:……本古雕題、離耳二國,而與黃佐《嘉靖　廣東通志》相同。

　　明・戴熺《萬曆　瓊州府志》(卷之二・沿革志):「瓊,唐虞以來爲揚越荒徼,秦爲越郡外境。舊志:秦皇略定,始屬中國。《一統志》:雷爲象郡,瓊當附雷。」

　　清・陳夢雷《古今圖書集成》(職方典・卷一三七三・瓊州府建置沿革考):「府志:本府,瓊在唐虞三代爲揚越荒徼,秦爲越郡外境。舊志:秦皇略定,始屬中國。」

　　清・穆彰阿《嘉慶　大清一統志》重修本(卷四五二・瓊州府・建置沿革):「禹貢,揚州西南徼外地。《漢書》賈捐之〈諫伐珠崖疏〉珠崖,非《禹貢》所及,《春秋》所治。春秋戰國爲揚州地,秦末屬南越。漢元鼎六年(111B.C)庚午,開置珠崖、儋耳二郡。」

　　　　案:和珅《乾隆　大清一統志》續修本(卷三五〇・瓊州府・建置沿革)作:……漢元封元年(110B.C)辛未,開置珠崖、儋耳二郡。

　　清・顧祖禹《讀史方輿紀要》(卷一〇五・廣東六):「瓊州府……古百越地。《通志》云:古爲雕題、離耳二國。漢武帝平南越,始置珠崖、儋耳二郡。」

　　清・郝玉麟《雍正　廣東通志》(卷五・沿革):「瓊

州府，唐虞爲南交，三代爲揚越之南裔，秦爲象郡之外徼。」

　　綜就諸史志窺之，其記載不一，諸說紛紜，學者李勃教授認同，郝修《雍正　廣東通志》記載，相較接近史實。亦就是說，先秦時期，海南於唐虞之世爲南交地，已內歸屬中原王朝。夏商周三代，在《禹頊》揚州或古揚州之域內。春秋戰國爲揚越或百越地，在海南本島西部有部落組織……儋耳國。是乃海南往後歸屬，暨政區建置之濫觴。（李勃《海南島歷代建置沿革考》冊上・頁三～頁九）

　　海南於唐虞三代，本島土著居民與中原王朝，已建立有友好交往關係。據傳說：古交趾（即南交）之地，於唐虞之世，已被平定、服屬，成爲中原王朝之南域。諸如：

　　漢・劉安《淮南子・主術訓》：「昔者神農之治天下也……其地南至交趾。」

　　戰國・韓非《韓非子・十過》：「臣聞昔者堯有天下……其地南至交趾，北至幽都。東西至日月之所出入者，莫不賓服。」

　　戰國（魯）・墨翟《墨子・節用中》：「古者堯治天下，南撫交阯，北降幽都，東西至日所出入，莫不賓服。」

　　西漢・司馬遷《史記・五帝本紀》：「帝顓頊高陽者，黃帝之孫而昌意之子也。……南至交阯……日月所照，莫不砥屬。」

　　南朝（宋）・裴駰《史記集解》引王肅曰：「砥，平也。四方皆平而來服屬。」

　　清・屈大均《廣東新語》（地語・南交）：「交趾自高陽時已砥屬，而堯名爲南交，故論地名以南交爲古，論事以宅南交爲古。」

諸如是類，不勝枚舉。既然"南交"即粵地，而海南本屬古粵地或南粵地，是故本島當屬"古南交"地，毋庸置疑耶。

至於虞舜時期，相傳本島土著居民與中原王朝往來，更爲友好密切。諸如：

南朝（梁）·蕭繹《金樓子》（卷一·興王篇一）：「堯乃老，使舜攝行天子政，巡狩得舉用事……緩耳，貫胸之民來獻珠蝦。」

夫"緩耳"者，即"儋耳"也，係指古時海南本島土著居民。南朝（梁）·陸倕《石闕銘》序：「南服緩耳，西羈反舌。」

南朝（宋）·范曄《後漢書》（卷八〇·文苑列傳上·杜篤）：「連緩耳，瑣雕題。」唐·李賢注：「緩耳，耳下垂，即儋耳也。」

於是顯見，昔者神農、帝顓頊、帝堯之地，皆南至交趾（即南交），且「日月所照，莫不砥屬。」既然海南本古南交地，且本島"緩耳之民"，曾向堯舜貢獻珠蝦。故在唐虞之世，海南本島土著居民，顯然已內屬中原王朝。

夏商周三代，海南在《禹貢》揚州或古揚州之域內。是謂"《禹貢》揚州"，係指《禹貢》所記古九州之一。

按《禹貢》九州：古冀州、古兗州、古青州、古徐州、古揚州、古荊州、古豫州、古梁州、古雍州。

古揚州地，《禹貢》云：「淮、海惟揚州。」注曰「北據淮，東南距海。」據《辭海》（揚州）條釋文："淮"指淮水，“海”指東海。若按是說，則《嘉慶　大清一統志》（重修本）云「瓊州府，《禹貢》揚州西南徼外地」爲是。然證諸史志，海南當在《禹貢》揚州之域內。

首從先秦古籍窺之，諸如：《尙書・禹貢》、《詩經・大雅》（江漢）、《荀子・王制》、《逸周書・王會》、《莊子・秋水》、《國語・楚語上》、《左傳》僖四年（卷五）、襄十三年（卷九）、《山海經》（大荒南經、海內東經、海內西經）、《呂氏春秋・本味》、《太平御覽》（卷八〇三引〈鄒子〉篇），大都確認“南海”，在先秦時期，當已確在今南海之實際海域。

次就古今注家言之，大都認知《禹貢》「淮、海惟揚州」之“海”，亦係指南海。

諸如《尙書・孔氏傳》：「北據淮，南距海。」是“海”，顯係指今之“南海”。南朝（宋）・裴駰《史記集解》、唐・顏師古《漢書注》，亦都是全采用漢代孔安國的說法，分別見於《史記・夏本紀》注，《漢書・地理志上》注。今人王世舜《尙書譯注・禹貢》：「北至淮河，南至大海，這是揚州地區。」其意與《尙書・孔氏傳》，所云完全相同。

此外，《爾雅・釋地》亦云：「江南曰揚州。」晉・郭璞注：「自江南至海。」清・郝懿行《爾雅義流》：「……郭云“自江南至海”。《公羊疏》引孫氏、郭氏曰：“自江至南海也。”」是說明：古揚州之域，南至南海。

按《禹貢》揚州和古揚州之域，既然都到達“南海”，於是海南位在南海北部，自當在其域內無疑耶。

然《禹貢》云：「淮、海惟揚州」下，又有「陽鳥攸居」，

「島夷奔服」等語。

　　夫"陽鳥"者，曾運乾（近代音韻學家）《尚書正讀》認爲：「鳥當讀爲島……陽島，即揚州附海岸各島。大者則臺灣、海南是也。云陽島者，南方陽位也。」（王世舜《尚書譯注・禹貢》頁五四・注文）

　　又"島夷奔服"者，據漢・孫安國《史記・夏本紀》曰：「南海島夷，草服葛越。」按"葛越"者，據清・屈大均《廣東新語》（卷十五・貨語）葛布條云：「卉，草也。卉服，葛越也。葛越，南方之布，以葛爲之，以其產於越，故曰葛越也。」於是顯見，《禹貢》揚州境內之"陽鳥"、"島夷"，大都與海南有關。是亦說明本島，確在揚州和古揚州域內。

　　相關史志大都認爲，粵地或南越地，屬《禹貢》揚州或古揚州之域。諸如：

　　西漢・司馬遷《史記・天官書》：「牽牛、婺女，揚州。」東漢・班固《漢書・地理志下》：「粵地，牽牛、婺女之分野也。今之蒼梧、郁林、合浦、交趾、九真、南海、日南，皆粵分也。」是七郡皆爲南越地，準此，則牽牛、婺女之分野，既屬古揚州，又屬粵地。是亦說明：粵地即古揚州，反之亦然也。

　　東漢・班固《漢書・南粵傳》：「略定揚粵。」唐・顏師古注：「本揚州之分，故云揚粵。」

　　唐・房玄齡《晉書・地理志下》：「廣州，案《禹貢》揚州之域，秦末趙佗所據之地。」又「交州，案《禹貢》揚州之域，是爲南越之土。」

　　唐・張九齡《唐六典》（卷三）：「嶺南道，古揚州之南境。」又見於唐・徐堅《初學記》（卷八・州郡部）、宋・歐陽修《新唐書・地理志》、宋・鄭樵《通志略・地理略》（唐十五道）、宋・王應麟《玉海》（卷三・歷代州域總敘下・唐十道）與（卷十八・地理・唐十五道）。

宋・李昉《太平御覽》（卷一七二・州郡部十八・安南都護府）條，引《方輿志》云：「安南府，今理宋平縣。古越地，《禹貢》揚州之地，號爲百越。」

宋・樂史《太平寰宇記》（卷一七〇・嶺南道十四・交州）：「交州，今理宋平縣。古越地，《禹貢》揚州之域土，號爲百越。」

宋・章如愚《山堂考索》（前集卷五九・地理門・辨古今州郡區域）：「古揚州之南境：今廣南東、西路，漢交州九郡之地，晋交，廣等州列郡，唐之嶺南道。」

諸如是類，屢見不鮮。又載：海南，本屬粵地或南越地。諸如：

東漢・班固《漢書・武帝紀》載：「遂定越地，以爲南海、蒼梧、郁林、合浦、交趾、九真、日南、珠崖、儋耳郡。」按珠崖、儋耳二郡，都在海南境地。

於《漢書・南粵傳》：「南粵已平，遂以其地爲儋耳、珠崖、南海、蒼梧、郁林、合浦、交趾、九真、日南九郡。」又《漢書・昭帝紀》：「始元五年六月，罷儋耳、真番郡。」唐・顏師古注：「儋耳，本南越地。」

依上所載，既然粵地或南越地，屬《禹貢》揚州或古揚州之域，而海南本屬粵地或南越地。於是顯示，海南亦屬《禹貢》揚州或古揚州之域也。

又據史志記載，西周疆域或政治勢力，大都已達今海南境地。諸如：

《詩經・大雅》（江漢）：「江漢之滸，王命召虎：式辟四方，徹我疆土。匪疾匪棘，王國來極。于疆于理，至于南海。」

南宋・朱熹注：「虎，召穆公名也。辟，與闢同。徹，井其田也。疾，病。棘，急也。極，中之表也。居中而為四方所取正也。言江漢既平，王又命召公辟四方之侵地，而治其疆界，非以病之，非以急之也。但使其來取正于王國而已也。於是遂疆理之，盡南海而止也。」

程俊英（臺灣作家）《詩經譯注・大雅》（江漢）譯文：「長江邊啊漢水旁，王命召虎為大將：為我開辟四方地，為我治理好土疆。施政寬緩莫擾民，一切準則學中央。劃定邊界治國土，直到南海蠻夷鄉。」（民國七十七年　臺北市，宏業書局本，頁六〇三）

明・郭棐《粵大記》（卷二・事紀類・武周開粵）：「周武王既滅殷，十有三年，乃正九服徹法，以南海地在東南揚州之裔，定為藩服，乃經土地而井牧其田野。凡八蠻之距揚越者，為蠻揚。十八年夏，王南巡狩，陳詩至于南海。」夫"陳詩"者，係指古代采風的一種方式。如《禮記・王制》云「命大師陳詩，以觀民風。」東漢・鄭玄注：「陳詩，謂采其詩而視之。」宋・陳澔注：「大師，樂官之長。詩以言志，采錄而觀覽之，則風俗之美惡可見，政令之得失可知矣。」

清・樊庶《康熙　臨高縣志》（卷之一・地理志・沿革）云：「史稱：周武王十年，儋耳入貢。十八年，陳詩至于南海。則嶺海之入職方，當在商周時矣。」同此又見於明‧歐陽保《萬曆　雷州府志》（沿革），周文海《民國　感恩縣志》（沿革）。

按"儋耳"，係指海南本島的土著居民。"嶺海"，即嶺南。因其地北倚五嶺，南瀕南海，故名。如唐‧韓愈〈謫潮州刺史謝上表〉：「雖在嶺南之陬，一如畿甸之間。」即此。"職方"，指國家版圖或疆域。如宋‧陳師道〈代賀安西川表〉：「奉清廟之遺策，還職方之故區，恩賞並行，人神共慶。」又明‧宋濂〈亡友陳宅之墓銘〉：「浦陽既入職方，濂挈妻孥西還。」

清‧屈大均《廣東新語》（卷二‧地語‧南交）亦云：「南交者，粵也。陶唐之南裔也，故舉南交而可以概粵矣。然史稱周武王巡狩，陳詩南海。又《詩》曰："于疆于理，至于南海。"則舉南海又可以概粵矣。」

於是顯示，西周的疆域或政治勢力，既已到達今之南海，周武王時既然"儋耳入貢"，則海南本島土著居民，顯然已內屬於西周王朝。換言之，夏商周三代，海南在《禹貢》揚州或古揚州之域內。

春秋戰國為揚越地或百越地，在海南本島西部有部落組織……儋耳國。

夫"百越"亦作"百粵"，"揚越"（楊越）亦作"楊粵"，簡稱"越"、"粵"。乃古族名，於秦漢之前，越人廣泛分布在長江中下游的廣大地區，部落眾多，故稱百越。始見《呂氏春秋‧恃君覽》：「揚漢之南，百越之際。」於《史記》書中，凡屬種族概念之"越"字，皆作"越"，諸如：越人、百越、楊越、南越、閩越、東越、甌越、於越、駱越…。

至於"揚越"亦作"楊越"，或作"楊粤"，本作"楊雩"（音：吁，今音：越），古地區名也。按"楊越"即南越，東漢·司馬遷《史記·南越列傳》：「秦時已並天下，略定楊越，置桂林、南海、象郡。」其"楊越"，據南朝（宋）·裴駰《史記集解》注：「張晏曰：楊州之南越地。」（又見《漢書·晁錯傳》注）並有雙層含義：一言南越地屬古揚州之域，一言"楊越"即南越。

唐·張守節《正義》：「夏禹九州，本屬楊州，故云楊越。」又如下志，所載更明確。

明·郭棐《粤大記》（卷一·郡國釋名）：「廣為古百粤地，又曰揚粤。」

清·穆彰阿重修《嘉慶　大清一統志》（卷四四〇·廣東統部）：「廣東，……戰國時為百越，亦曰揚越。」

清·顧祖禹《讀史方輿紀要》（卷一〇一·廣東二）：「廣州府，春秋時為揚越地。」

按"揚越"一詞，含有二義：

一指古地名，在江漢一帶。如《史記·楚世家》：「熊渠甚得江漢間民和，乃興兵伐庸、楊粤，至于鄂。」其"楊粤"，據《索隱》注：「有本作"楊雩"，音吁，地名也。今音越，譙周亦作"楊越"。」又據《史記集解》及《正義》注："庸"和"鄂"皆為地名，則介于兩者之間的"楊粤"，亦當是指地名。於是顯見，《史記·楚世家》所云"楊粤"，非古族名，純係地名也。

一泛指江南以至嶺南的廣大地區，如《晉書・武帝紀》：「太康元年三月，吳國末帝孫皓降。四月，「遣兼侍中張側、黃門侍郎朱震分使揚越」。」是「揚越」，代指孫吳之統治區域。

唐・劉知幾《史通》（卷三・表歷第七）：「當晉氏播遷，南據揚越。」又（同卷・書志第八）：「自劉、曹受命，雍、豫爲宅，世胄相承，子孫蕃衍。及永嘉東渡，流寓揚越。」是以「揚越」，代指東晉王朝統治區域。

後晉、劉昫《舊唐書》（卷五三・李密傳）：「密因王伯當以策干，（翟）讓曰：「當今主昏於上，人怨於下，銳兵盡於遼東，和親絕於突厥，方乃巡遊揚越，委棄京都，此亦劉、項奮起之會。」」

於是海南爲揚越地或百越地，如司馬遷《史記》（貨殖列傳）載：「九疑、蒼梧以南至儋耳者，與江南大同俗，而揚越多焉。」是「儋耳」，據唐・張守節《正義》注曰：「今儋州，在海中，廣州南，去京七千餘里。言嶺南至儋耳之地，與江南大同俗，而楊州之南，越民多焉。」又東漢・班固《漢書》（賈捐之傳）稱：珠崖郡土著居民爲「駱越之人」。

於是顯示，秦、漢兩代，海南本島土著居民，既被稱爲「揚越」或「駱越」。然揚越或越都屬於百越，故春秋戰國時期本島顯屬于揚越地或百越地。誠如：清・練恕《五代地理考》：「瓊州府，春秋戰國時爲揚越地，秦末漢初屬南越國。」（參見《二十五史補編》冊六・頁七七五。）是說，更加明確矣。

至於春秋戰國時期，在海南本島西部有部落組織……儋耳國。據古籍記載，分著如次：

於《山海經・海內南經》有離耳國，"在郁水南"。晉・郭璞注：「鏤離其耳，分令下垂以爲飾，即儋耳也，在朱崖海渚中。」是"朱崖"即海南本島，其"朱崖海"顯指海南本島周遭海域，是代指南海，由於海南（即朱崖）就位于南海中耶。

北魏・酈道元《水經注》（卷三六・溫水）條引《林邑記》云：「漢置九郡，儋耳預焉。民好徒跣，耳廣垂以爲飾……常以黑爲美，《離騷》所謂玄國矣。然則儋耳，即離耳也。」

西漢・許慎《說文解字》（耳部）"瞻"字：「瞻，垂耳也。从耳，詹聲。南方，有瞻耳國。」清・段玉裁注：「古只作耽，一變爲瞻耳，再變則爲儋耳矣。」

於是顯示，先秦時期，海南西部，確有"儋耳國"，亦稱"離耳國"或"瞻耳國"。漢武帝時，在其地置儋耳郡，亦足以佐證耶。然"儋耳國"性質，當是原始社會的部落組織，並非封建社會的國家政權。由於《史記》與《漢書》中，從未提及在漢武帝之前，本島土著居民，曾建立過任何地方政權。

史稱"儋耳"來由，據見存文獻史料，其說法有二，分著如次：

一說：由於本島古代土著居民，亦即黎族先民，有"儋耳"習俗而得名。至於"儋耳"習俗，其史料說法亦不一致。或云在臉部及耳匡周圍鏤刻花紋，使累耳下垂。如《漢書・武帝紀》、《後漢書・明帝紀》。或謂於耳垂上穿孔，懸掛耳環或裝飾物，使下垂至肩或下肩三寸。如《後漢書・南蠻西南夷列傳》、宋・周去非《嶺外代答》（卷二・海外黎蠻）、宋・趙汝适《諸蕃志》（卷二・海南）、宋・范成大《桂海虞衡志》（志蠻）……

　　一說：由於本島西部古代土著居民，耳大垂肩而得名。如《漢書・武帝紀》云：元鼎六年（111B.C）春，“遂定越地，以爲南海……珠厓、儋耳郡”。唐・顏師古注引東漢・應劭曰：「儋耳者，種大耳。渠率自謂王者耳尤緩，下肩三寸。」海南本島古代有否大耳人，宋代士子多有質疑，認爲“儋耳”，蓋「以大環墜耳，俾下垂至肩故也。」如《嶺外代答》（卷十・儋耳），《諸蕃志》（卷下・海南）……

　　綜就中國窺之，大陸古代亦有大耳人。如《山海經・大荒地經》：「有儋耳之國，任姓。」晉・郭璞注：「其人耳大，下儋垂在肩上。」又西漢・劉安《淮南子・墜形訓》：「夸父，耽耳在其北。」漢・高誘注：「耽耳，耳垂在肩上。」於是顯見，應劭所云“儋耳者，種大耳”，未必虛言。是以稱爲“儋耳國”，蓋因其人，既有“儋耳”習俗，又有“大耳種”也。

　　次就“雕題國”言之，於明・黃佐《萬曆　廣東通志》，暨明・郭棐《粵大記》皆云：「瓊州府・本古雕題、離耳二國。」清・顧祖禹《讀史方輿紀要》（卷一〇〇・廣東一）亦云：「《禮・王制》：南方曰雕題。又《山海經》有離耳、雕題之國。楚《離騷》有元國之南裔。或曰今海南瓊州府是其地。」於是說法，海南師範大學李勃教授（海南史學家），並不認同。參見（李勃《海南島歷代建置沿革考》冊上・頁十三～二五）詮釋。

　　從“雕題國”於古籍記載窺之，查諸先秦古籍，提及“雕題”一詞者，分著如次：

　　西漢・戴聖《禮記》（卷三・王制）：「南方曰蠻，雕題、交趾，有不火食者矣。」宋・陳澔注：「雕，刻也。題，額也。刻其額，以丹青涅之。交趾，足母指相向也。」顯然，是“雕題”，祇指南方諸少數民族，所共有的一種習慣耶。

　　西漢・劉向《楚辭・招魂》：「南方不可以止些，雕題、黑齒。」（四庫全書本）意謂：南方不可去安居，那裡有在額頭上刻畫花紋，並把牙齒染黑的野人。

　　《逸周書・王會》：「正西昆侖、狗國、鬼親、枳己、闒耳、貫胸、雕題、離丘、膝齒。」晋・孔晁注：「九者，西戎之別名也。闒耳、貫胸、雕題、離丘、膝齒，亦因其事以名之。」（四庫全書本）按其所注，是“雕題”乃西戎之一，而與海南無涉也。

　　春秋（齊）・管仲《管子》（卷八・小匡）：「南至吳越、巴、牂牁、瓜長不庚、雕題、黑齒。」唐・房玄齡注：「皆南夷之國號也。」是“雕題”，雖爲南夷之國號，惟房氏並未指出具體位置，故不能強加於海南本島。

　　然先秦古籍有提“雕題國”者，獨見於《山海經・海內南經》：「伯慮國、離耳國、雕題國、北朐國，皆在郁水南。」是“雕題國”，據晋・郭璞注：「點涅其面，畫體爲鱗采，即鮫人也。」按其所注，是“雕題國”，係指涅面，畫體之“鮫人”。夫“鮫人”者，究其含義有二，分著如次：

　　一指神話傳說中的人魚，如晋・張華《博物志》（卷二・異人）：「南海外有鮫人，水居如魚，不廢織績，其眼能泣珠。」並見於東晉・干寶《搜神記》（卷十二）。

　　一指捕魚者或漁夫，如唐・杜甫〈閿鄉姜七少府設鱠贈長歌〉：「饔人受魚鮫人手，洗魚磨刀魚眼紅。」清・仇兆鰲注：「鮫人，捕魚者。」又見於宋・張世南《游宦紀聞》（卷七）：「（龍涎）鮫人采之，以為至寶。」於是顯見。郭璞注之“雕題”，意即涅面、畫體之漁夫。

　　至于“郁水”，據《山海經・海內南經》：「郁水出湘陵南海，一曰相慮。」惟《山海經・海內東經》又云：「郁水出象郡，而西南注南海。」於是顯見，相互矛盾，置疑難信。

　　於《漢書》（地理志下）郁林郡廣郁縣下注：「郁水首受夜郎豚水，東至四會入海，過四郡，行四千三十。」又《水經・溫水》：「溫水出牂牁夜郎縣，又東至郁林廣郁縣，為郁水。」後魏・酈道元注：「郁水，即夜郎豚水也。」據《中國歷史大辭典》（歷史地理卷）郁水條云：「漢、魏、南北朝的郁水，首受溫水及夜郎豚水，至今廣東廣州市入海，凡今廣西的右江、郁江、潯江及廣東的西江皆稱郁水。豚水即今北盤江，溫水即今南盤江，兩江與右江本不相通，古人不明瞭郁水的源流，致有此誤。南朝以後，郁水下游兼稱西江。唐、宋、元時常以左江為上源，明、清時則以左、右江為上源，合流後稱郁江，亦作大江。今廣西東部桂平以下一段稱潯江。故今廣西境內郁江，只相當古郁水的一段。」

　　據上所說，則“在郁水南”的範圍廣闊，包括今雲南東南部、貴州西南部、廣西西北至東南部、廣東西南部、越南、老撾（寮國）、北部灣、海南島，乃至南洋諸國，皆在其南。在這河流眾多和瀕臨大海的廣闊區域，古時居民中以捕魚為主的"鮫人"當有不少。誠如宋·李昉《太平廣記》（卷四八二）繡面獠子條，引《酉陽雜俎》：「越人習水，必鏤身以避蛟龍之害。今南中有繡面獠子，蓋雕題之遺俗也。」於是顯見，"在郁水南"之"雕題國"，未必就在海南島。

先秦之後，史籍提及"雕題國"者，獨見於東漢·楊孚《異物志》：「雕題國，畫其面及身，刻其肌而青之，或若錦衣，或若魚鱗。」其意：「在臉部和身體上，刻畫花紋或圖案，並染以青色，乃"雕題國"之習俗，唯亦無指出具體的地理位置或地名。」

按《隋書·經籍志二》作：《異物志》一卷，後漢議郎楊孚撰。又作《交州異物志》一卷，楊孚撰。其所載兩書，似係同書異名。於《水經注》（溫水注，葉榆水注）、宋·李石《續博物志》（卷八）、明·郭棐《粵大記》（卷二三·獻徵類·楊孚）皆作：《南裔異物志》。其書早佚，其文散見於《齊民要術》、《水經注》、《北堂書鈔》、《初學記》、《太平御覽》、《藝文類聚》、《冊府元龜》、《續博物志》、《北戶錄》、《後漢書》注、《太平廣記》諸書。

兩漢時代，"南裔"和"交州"，係指嶺南地區。如晉·張華《博物志》（卷一）：「南越之國，與楚為鄰，五嶺以前至于南海，負海之邦，交趾之土，謂之南裔。」東漢時期，交州轄南海、蒼梧、郁林、合浦、交趾、九真、日南七郡，治所先後在廣信縣（今廣西梧州市）和番禺縣（今廣州市），轄境相當於今兩廣的大部分地區，越南北部和中部地區。於是顯見，楊孚《異物志》所載位於"南裔"或"交州"地區，唯無具體位置的"雕題國"，亦未必在海南島（朱崖縣，係交州，合浦郡屬地）。詳見清・王先謙《後漢書集解・郡國志五》（交州合浦郡・朱崖）注。

　　綜觀明代之前，相關史志文獻，提及"雕題國"者，唯有上列兩書，但皆無明確說其位置在海南島。於是顯見，明・黃佐《廣東通志》，暨郭棐《粵大記》所謂：瓊州府古有"雕題國"，證據顯然闕如，實難令人信服。

　　至于"雕題"一詞，含義大致有五。不僅與中國古代南方、東南方、西南方，甚至北方諸民族關係密切，而且和世界各地許多民族亦有關係。分著如次：

　　一爲古習俗名：文獻記載，並不一致。或云在額頭上鏤刻花紋，以丹青染成黑色。如《禮記・王制》：「南方曰蠻，雕題交趾，有不火食者矣。」東漢・鄭玄注：「雕文，謂刻其肌以丹青涅之。」唐・孔穎達疏：「雕，謂刻也。題，謂額也。謂以丹青雕刻其額。」或泛指在臉部和身上刻畫花紋或圖案染以黑色，即所謂"黥面"（或繡面、文面、鏤頰）、"文身"（或雕身、鏤身）。諸如「郭璞、楊孚所注"雕題國"。又《新唐書・南蠻傳下》：「群蠻種類，多不可記……有繡面種，生逾月，涅黛於面。有雕題種，身面涅黛。」唐・段成式《酉陽雜俎》：「越人習水，必鏤身以避蛟龍之害。今南中有繡面獠子，蓋雕題之遺俗也。」蔡元培《美術的進化》亦云：「我們古人叫作"文身"，或叫作"雕題"。於是顯見，所謂"雕題"之俗，亦即"黥面文身"之俗，兩者名異而實同。古代中國南方、東南方、西南方和北方諸少數民族，暨世界各地許多民族，以及臺灣原住民，大都有是"雕題"習俗。」

　　關於古代中國南方（含海南島）諸少數民族有“雕題”習俗，參見於《禮記・王制》、《水經注》（卷三六・溫水注）及（卷三七・葉榆水注）、《後漢書・明帝紀》注引東漢・楊孚《異物志》、《隋書・南蠻傳》、《通典》（邊防四・南蠻下・嶺南蠻獠）、《太平御覽》（卷三七一・人事部十二・胸）引《南州異物志》及（卷七八九・四夷部十・繡面蠻）引《南夷志》、《全唐文》（卷七七二・李商隱〈爲滎陽公桂州謝上表〉）、《太平寰宇記》（卷一六九・儋州）、《諸蕃志》（卷下・海南）、《桂海虞衡志》（志蠻）、《嶺外代答》（蠻俗門・繡面）、明・莊元臣《叔苴子》（外篇・卷二）、《廣東新語》（人語・黎人、猺人）諸書。

　　關於古代中國東南方諸少數民族有“雕題”習俗，分見於《春秋》（卷十六・哀公十三年・谷梁傳）、《禮記・王制》、《莊子・逍遙游》、宋・王應麟《周書王會補注》、《戰國策》（卷十九〈趙二〉引趙武靈王語）、《史記》（趙世家、吳太伯世家）、《韓詩外傳》（卷八第一章）、《越絕書》（卷一・越絕外傳本事第一）、西漢・劉向《說苑》（卷十一・善說）、《漢書》（卷六四・嚴助傳）、《太平御覽》（卷六九六・引東漢・應劭《風俗通義》“裸國”條）、《三國志》（魏書・倭傳）、晋・左思《吳都賦》諸書。

　　關於古代中國西南方諸少數民族有“雕題”習俗，分見於《後漢書・西南夷傳》（哀牢夷）、《新唐書》（南蠻傳下・兩爨蠻）、唐・樊綽《蠻書》（卷四・名類第四）、元・李京《雲南志略》（諸夷風俗）諸書。

　　關於古代中國北方諸少數民族有“雕題”習俗，見於《漢書》（匈奴傳上）、《新唐書》（回鶻傳下）及（疏勒傳）、《通典》（卷二〇〇・邊防十六・北狄七・結骨）諸書。

　　關於古代越南人有"雕題"習俗，分著於越南古籍《嶺南摭怪》（卷一・鴻龐氏傳、白雉傳）、《史記》（趙世家）、唐・張守節《正義》（引《輿地志》文）、《水經注》（卷三六・溫水注）、清・陸心源《唐文拾遺》（卷四一）、崔致遠《補安南錄異圖記》、《嶺外代答》（卷二・外國門上・安南國）、《文獻通考》（卷三二三・安南都護府）、越南・黎崱《安南志略》（卷一・風俗）、《馬可波羅行紀》（卷一・第一二六章：交趾國州）、《大明一統志》（卷九〇・安南：風俗）、近代越南・陳重金《越南通史》（卷一・第一章：鴻龐氏）諸書。

　　關於古代緬甸人有"雕題"習俗，散見於明・朱孟震《西南夷風土記》（余美雲、管林輯注《海外見聞》頁八八）、清・黃懋材《西輶日記》（參《海外見聞》頁八九）、《嘉慶　一統志》重修本（卷五五六・緬甸）諸書。

　　關於古代印度人有"雕題"習俗，分見於清・龔柴《印度考略》（參《海外見聞》頁一〇六）、清・黃懋材《印度劄記》（參《海外見聞》頁一〇七）、清・徐繼畬《瀛寰志略》（卷三・五印度）諸書。

　　關於古代柬埔寨（高棉）人有"雕題"習俗，散見於《南史》（海南諸國傳・扶南國）、《通典》（卷一八八・邊防四・南蠻下・扶南）二書。

　　關於古代南洋群島人有"雕題"習俗，見於元・汪大淵《島夷志略》（花面）條、明・費信《星槎勝覽》（花面國）

二書。

關於古人日本人有：雕題“習俗，分見於《後漢書》（東夷傳・倭）、《三國志》（魏志・東夷傳・倭）、《晉書》（四夷傳・東夷・倭人）、《北史》（卷九四・倭）、《梁書》（卷五四）、《隋書》（東夷列傳・倭）、宋・鄭樵《通志》（卷一九四・四夷一・東夷・倭）、明・薛俊《日本考略》（風俗略）諸書。

關於古代韓國人有“雕題”習俗，見於《後漢書》（東夷列傳・韓）、《三國志》（魏志・東夷傳・韓）二書。

關於東北亞人有“雕題”習俗，分見於《南史》（卷七九・夷貊下・文身國）、《梁書》（卷五四）、《太平御覽》（卷七八四）、宋・鄭樵《通志》（卷一九四・四夷一・東夷）、元・周志中《異域志》（卷下・文身國）諸書。

關於近代美國土著居民有“雕題”習俗，見於梁啓超《新大陸游記》（三十五・紅印度人）條。

關於近代非洲人有“雕題”習俗，見於《三洲游記》（剛高利）參見《海外見聞》（頁一七八、頁二〇〇）。

於是顯見，“雕題”或“文身”習俗，並非古代海南土著居民所獨有，在古代中國南方、東南方、西南方與北方諸少數民族，暨世界各地許多民族，所共有的一種習俗。其作用：或入水捕魚以避蛟龍之害，或用以識別尊卑貴賤，或以爲美觀，或爲女子出嫁記號（如黎文），或以爲勇敢，或作部族標記。

二爲古部族、部落名：其居地有明確方位者有三，分著如次：

一在中國西部，見於《逸周書》（王會及注）。

一在中國西南地區，參見《新唐書》（南蠻傳下・兩爨蠻傳），《蠻書》（卷六・雲南城鎮第六）、唐・鄭洪業〈詔放雲南子弟還國〉詩（見《全唐詩》冊下）、《全唐文》（卷八一一・胡曾〈代高駢回雲南牒〉文）、清・陸心源《唐文拾遺》（卷三四・崔致遠〈謝示南蠻通和事宜表〉參《全唐文》第十一冊）、《明太祖集》（卷八・敕：諭征南將軍潁川侯、永昌侯、西平侯）諸書。

一在今越南境內，諸如：

越南古籍《越史略》（卷上・國初沿革）：「至周成王時，越裳氏始獻白雉。《春秋》謂之闕地，《載記》謂之雕題。」（文淵閣《四庫全書》本）

按：越南古籍《嶺南摭怪》（卷一・白雉傳）：「後孔子作《春秋》，以文郎國爲要荒之地，故置之而不載焉。」是謂"《春秋》謂之闕地"。

於是顯示，是"雕題"，顯係"越裳氏"別稱。然越裳氏獻白雉、重九譯，而至周朝，乃中越古代，最早的友好交流紀錄。

中國古籍《韓詩外傳》（卷五）、《尚書大傳》（卷五）、《後漢書》（南蠻・西南夷列傳），亦都有記載。尤以《尚書大傳》、《後漢書》（西南夷列傳）皆云"交趾之南，有越裳國"。是"越裳氏"，亦稱"越裳國"。

至於"越裳氏"位置，據越南・黎崱《安南志略》（卷首・總序）：「越裳，即九真，在交趾南。」又《晉書》（地理志下）交州：「九德郡，周時越裳氏地。」據《辭海》（九德）釋文：「九德郡，三國吳置，治所在九德縣（今越南榮市），轄境相當今越南義安省大部，暨河靜全省」。

清・董浩奉敕編《全唐文》（卷四四一）韓雲卿〈平蠻頌〉：「維大曆十二年，桂林、象郡之外有西原賊，率潘長安偽稱安南王，誘脅夷蠻連跨州邑，鼠伏蟻聚，賊害平人。南距雕題交趾，西控昆明夜郎，北洎黔巫衡湘，彌亙萬里，人不解甲。」是"南距雕題交趾"，意謂：南部到達雕題部族聚居的交趾，即安南地區。

於《全唐文》（卷七五八）謝觀〈越裳獻白雉賦〉：「憬彼越裳，南之一方。感皇化于蠻貊，獻白雉于周王。……俯雕題而就位，拱疏趾以前集。」又（卷八〇九）司空圖〈復安南碑〉：「雕題誓眾，猶疑黑穴之神。」

清・彭定求奉敕編《全唐詩》（卷九五）沈佺期〈初達歡州〉詩：「流子一十八，命予偏不偶。配遠天遂窮，到遲日最後。水行儋耳國，陸行雕題藪。魂魄游鬼門，骸骨遺鯨口。……」

按：沈佺期因連坐結交權貴張易之，於《新唐書》（卷二〇二・沈佺期傳）：「會張易之敗，遂長流歡州。」然張易之，於唐神龍元年（705）乙巳被誅（詳見《新唐書》則天皇后，中宗本紀），則沈佺期被長流歡州，當在神龍年間（705～706）。

詩中"儋耳國"，乃代指海南島西部地區，由於先秦時期，有謂"離耳國"即"儋耳國"。漢武帝時因置儋耳郡，至隋代又復置儋耳郡，唐代改為儋州。所謂"水行儋耳國"，意即乘船由海路前往歡州，當船過今瓊州海峽後，便沿海南島西海岸，向驩州方向航行。由於驩州，就在海南島西海岸的對面。

又詩中“藪”，係比喻人或物聚集處所。如《尚書》（武成）：「為天下逋逃主，萃淵藪。」宋・蔡沉注：「萃，聚也。紂殄物害民，為天下逋逃罪人之主，如魚之聚淵，如獸之聚藪也。」於《三國志》（吳志・薛綜傳）：「南海、蒼梧、郁林、珠官四郡界未綏，依作寇盜，專為亡叛逋逃之藪。」是“雕題藪”，係代指驩州，意為驩州本雕題部族聚居之地。至于“陸行雕題藪”，係指登陸後就踏進驩州地域（由於驩州就在海邊）。

按：驩州，本梁德州。隋開皇十八年（598）改名驩州，治所在九德縣。大業三年（607）改為日南郡。唐武德五年（622）改南德州，武德八年（625）改為德州，貞觀元年（627）復名驩州，天寶元年（742）改為日南郡，乾元元年（758）又復為驩州。其位置，據《辭海》（驩州）條說：唐驩州治所在今越南榮市，轄境相當於今越南義安省南部與河靜省。

於《安南志略》（卷一・邊境服役）：「……又有雕題，鑿齒者，種類繁多。」

《明清史料》庚編第二本《禮部為內閣抄出兩廣總督福康安等奏移會》：「竊查安南國王阮光平籲請開關通市……今蒙聖主格外隆施，許其照舊市貿，自此懋遷販易，可期漸至豐饒，凡在鑿齒、雕題，無不飲和食德。」（引《古代中越關係史資料選編》文）是“雕題”，顯係指安南即越南境內部族。

清・程可則〈送楊鄂州職方使安南〉：「乘秋直入交州

郡，雕題負弩遙相迎。」

　　綜合窺之，是"雕題"者，皆指越南境內部族、部落名，毋庸置疑耶。

　　三為古時對邊遠地區少數民族的泛稱：如《賈誼新書》（卷九・修政語上）：「帝堯曰："……仁行而義立，德博而化富。故不賞而民勸，不罰而民治。先恕而後行，是以德音遠也。"是故堯教化及雕題蜀越。」

　　晉・張華《博物志》（異人）：「遠夷之民：雕題、黑齒、穿胸、儋耳、大足、岐首。」又唐・袁皓〈重歸宜春偶成十六韻寄朝中知己〉詩：「恩仁沾品物，教化及雕題。」（參《全唐詩》下冊，上海古籍出版社本）

　　四為古時對百越族的別稱：如《通典》（州郡十四・古南越）：「自嶺而南，當唐虞三代為蠻夷之國，是百越之地，亦謂之南越，古謂之雕題。」又宋・王應麟《通鑑地理通釋》（卷五）嶺南條：「《通典》：自嶺而南是百越之地，自交趾至會稽七八千里，百越雜處，各有種姓，古謂之雕題。」（參《玉海》文）

　　五為宋代對海南島西部黎人的別稱：如宋・蘇軾〈和與殷晉安別〉（送昌化軍使張中罷官赴闕）詩：「……久安儋耳陋，日與雕題親。……」（參《居儋錄》詩）。

　　按：宋哲宗紹聖四年（1097）二月，蘇軾被責授瓊州別駕，移昌化軍安置。至元符三年（1100）四月遇赦，北移廉州。是詩，係蘇氏謫居昌化軍時所作。

　　昌化軍，乃漢儋耳郡故地，宋神宗熙寧六年（1073）以儋州改名昌化軍，治所在宜倫縣（今儋州市中和鎮），轄境相當今海南省西部地區（見《輿地紀勝》卷一二五）。由於是地黎人俗尚文身，故蘇氏以"雕題"代稱其人。參諸古籍，海南島黎人，雖有文身習俗，唯以"雕題"別稱者，獨是一見。

　　綜而窺之，海南古代土著居民，雖有雕題文身習俗，唯本島古代並無雕題國。倘認爲凡有雕題文身習俗，其人就是雕題族，然古代中國南方、東南方、西南方和北方諸少數民族，暨世界各地許多民族，大都有是雕題習俗，豈非皆稱爲雕題族乎！倘以爲凡是雕題部族，所居住之地都稱爲雕題國，則古代中國西部、西南方和越南等地都有雕題部族，莫非都稱爲雕題國耶！於是顯示，古籍舊志所稱先秦時期，海南古有"雕題國"，實令人難以認同矣！

# 參考文獻史料

《史記》　　西漢・司馬遷

　　民國七十年（1981）　臺北市　鼎文書局　新校本

《漢書》　　東漢・班　固

　　民國七十年（1981）　臺北市　鼎文書局　新校本

《後漢書》　　南朝（宋）・范　曄

　　民國八十八年（1999）　臺北市　鼎文書局　新校本

《三國志》　　西晉・陳　壽

　　民國七十九年（1990）　臺北市　鼎文書局　新校本

《道光　廣東通志》　　清・阮　元

　　民國五十七年（1968）　臺北市　華文書局　第一冊

《三亞落筆洞遺址》　　郝思德　黃萬波

　　一九九八年　海口市　南方出版社

《海南島歷代建置沿革考》　　李　勃

　　二〇〇八年四月　海口市　海南出版社　上冊

中華民國一〇二年（2013）癸巳一月四日

臺北市：海南文獻史料研究室

# 卷之一　府、區、省

　　府乃省以下，縣以上之一級行政區劃，管轄區域範疇，於今與地區近似，府的最高長官為知府。

　　瓊州，於明洪武三年（1370）戊申，奏陞為瓊州府，領三州（儋、萬、崖）七縣（瓊山、澄邁、臨高、定安、文昌、樂會、會同），隸海南道，屬廣東承宣布政使司。

　　中華民國肇建，廢道置瓊崖區。於民國十一年（1922）至三十四年（1943）間，政制更迭頻仍。然在民國二十四年（1935）乙亥，廣東省政府，據駐軍警衛旅旅長，兼瓊崖撫黎專員陳漢光將軍建議，就瓊山等九縣境內黎區七十二峒，分置樂東、保亭、白沙三縣。於瓊崖區領縣，增為十六縣。

　　民國三十六年（1947）八月，行政院院務會議通過，以瓊崖區改置海南特別行政區，直隸行政院。其治設海口市，轄管十六縣一市，暨南海四沙群島。

　　一九八八年（戊辰）四月，中共宣布海南建省，成為中華人民共和國第五個經濟特區。今行政轄區有三省直轄地級市、六省直轄縣級市、四縣、四黎族自治縣、二黎族苗族自治縣，暨三沙市（新置省直轄地級市），市人民政府，駐西沙群島永興島。

# 一、輿地廣記與海南建置

北宋・歐陽忞《輿地廣記》（凡三十八卷），乃宋代「地理書」之一種。夫「輿地」者，係指「地理」也。是書廣泛記載歷代疆域，暨宋代郡縣，故稱《廣記》，以示廣博記載之意。

海南位於廣東省南端海中，古名：珠崖，又名：瓊臺，或曰瓊州，抑曰瓊崖，簡稱瓊。唐虞爲揚越荒徼，秦爲象郡外域，漢屬珠崖，儋耳郡境地。

本《輿地廣記》於（卷三十七・廣南西路下）中，列載：瓊州（領五縣）、昌化軍（領三縣）、萬安軍（領二縣），朱崖軍（領二縣），於今海南省境地耶。

## （析　論）

**《輿地廣記》三十八卷　　北宋・歐陽忞纂**

清嘉慶十七年（1812）重刻暴書樓宋刻本

四冊　30公分（框 18.5x12.5 公分）　線裝

臺灣：國立臺灣圖書館　480/50（和）

清嘉慶間王士和手鈔本　四冊

臺灣：國家圖書館　210.1/03186

清乾隆間武英殿聚珍本　十六冊

臺灣：國立故宮博物院圖書文獻館

　　按《輿地廣記》三十八卷，於前四卷，先敘歷代疆域，提其綱要。然五卷之後，乃列宋代郡縣（沿革）名。其前代州邑，宋不能有者，亦附見各道之末，名曰化外州。是書體例特爲詳備，乃開後代敕修《一統志》之先河（清・永瑢《四庫全書簡明目錄》卷七・史部・地理類）。

# （一）知見書目

　　元・托克托《宋史藝文志》（卷三）：
　　　　　　輿地廣記　三十八卷　　歐陽忞
　　宋・晁公武《郡齋讀書志》（卷八）：
　　　　　　輿地廣記　三十八卷　　皇朝歐陽忞纂
　　宋・尤　袤《遂初堂書目》（地理類）：輿地廣記
　　宋・陳振孫《直齋書錄解題》（卷八）：
　　　　　　輿地廣記　三十八卷　　盧陵・歐陽忞撰
　　宋・王應麟《玉海》（卷十五）：輿地廣記
　　宋・馬端臨《文獻通考經籍考》（卷三十二）：輿地廣記
　　明・焦　竑《國史經籍志》（卷三）：輿地廣記
　　清・永　瑢《四庫全書總目》（卷六十八・史部・地理類一）：　　輿地廣記　三十八卷　　宋・歐陽忞撰
　　清・永　瑢《四庫全書總目提要》（卷六十八・史部二十四・地理類一）：
　　　　　　輿地廣記　三十八卷　　宋・歐陽忞撰
　　　　　　　　浙江・鮑士恭家藏本
　　楊家駱《四庫大辭典》（頁一一六九）：

　　　　　輿地廣記　三十八卷　　宋・歐陽忞撰

　　　　　聚珍版本、閩刊本、

　　　　　黃丕烈仿宋刊附札記二卷本

　　　　　傳是樓有影宋本。地理一

　　國立中央圖書館《善本書目》（史部・地理類・頁二五

七）：　　　輿地廣記　三十八卷　四冊　　宋・歐陽忞

　　　　　清嘉慶間王士和手鈔本

　　　　　清周錫瓚手校並跋兼過綠黃丕烈題記

　　**案：今名國家圖書館**

　　國立故宮博物院《善本書目》（上編・史部・地理類・

頁八五）：　　輿地廣記　三十八卷　六冊　　宋・歐陽忞

　　張國淦《中國古方志考》（頁一〇二）：

　　　　　輿地廣記　三十八卷　　宋・歐陽忞纂

　　　　　武英殿聚珍本　　閩刊本

　　　　　士禮居仿宋刊本

　　　　　江寧局本　　　　廣州局本

　　國立故宮博物院《善本舊籍總目》（史部・地理類・頁

四〇二）：　　輿地廣記　三十八卷　　宋・歐陽忞撰

　　　　　清乾隆間寫文淵閣四庫全書本　六冊

　　　　　清乾隆間武英殿聚珍本　十六冊

　　黃　葦《中國地方志詞典》（著名方志・頁三〇）：

　　　　　輿地廣記　　北宋・歐陽忞撰

　　陳光貽《稀見地方志提要》（卷首・總志・頁七）：

　　　　　輿地廣記　三十八卷　　宋・歐陽忞纂

　　　　　武英殿聚珍本（上海圖書館）

呂名中《南方民族古史書錄》（五代‧宋‧頁九二）：

　　　　輿地廣記　三十八卷　　宋‧歐陽忞撰

　　　　　　武英殿聚珍版叢書本　四庫全書本

　　　　　　士禮居黃氏叢書本

　　　　　　清光緒二十一年（1985）廣州刊本

　　　　　　（附孫星衍《校勘記》二卷）

　　　　　　叢書集成初編本　國學基本叢書本

王杏根《古籍書名辭典》（宋部分‧頁一四九）：

　　　　輿地廣記　　北宋‧歐陽忞撰

張林川《中國古藉古書名考釋辭典》（史部‧地理類‧

頁一二一）：輿地廣記　三十八卷　　宋‧歐陽忞撰

國立中央圖書館臺灣分館《線裝書目錄》（頁二九九）：

　　　　輿地廣記　三十八卷　　宋‧歐陽忞著

　　　　　清嘉慶十七年（1812）重刻暴書樓宋刻本

　　　　4 冊　30 公分（框 18.5x12.5 公分）　線裝

　　　　索書號：（和）480/50

　　案：今名國立臺灣圖書館

## （二）纂修始末

　　按《輿地廣記》（凡三十八卷），係北宋‧歐陽忞纂。於宋徽宗（趙佶）政和年間（1111～1117），是書告成。

　　依宋‧陳振孫《直齋書錄解題》（卷八）云：「《輿地廣記》三十八卷　廬陵‧歐陽忞撰，政和中作。……」

　　據清‧周中孚〈跋〉云：「《輿地廣記》三十八卷，宋‧

歐陽忞撰。《四庫全書》著錄,《晁陳書目》、《通考》、《宋志》俱載之。是書成於政和中,……」(參見《鄭堂讀書記補逸》卷十一)。

就歐陽忞《輿地廣記》(序)觀之,於末署著「政和十一年三月　日,盧陵歐陽忞序」。惟經查證相關資料,於宋徽宗「政和」年號,止於七年(1117)丁酉,此作十一年,或係宋徽宗宣和三年(1121)辛丑,特誌於次耶。

據歐陽忞《輿地廣記》序云:「地理之書,雖非有深遠難見之事,然自歷世以來,更張改作,先王之制,無一在者,自非專門名家而從於此者,其孰能知之。予不佞,自少讀書,私嘗留意於此,嘗自堯舜以來,至於今,為書凡三十八篇,命之曰《輿地廣記》。」

又云:「凡自昔史官之作,與夫山經地誌,旁見雜出,莫不入於其中,庶幾可以成一家之言,修職方之考,而非口傳耳受嘗之說者也。……統之有宗,會之有源,則繁而不能亂,眾而不能惑。」

復云:「夫以今之州縣,而求於漢則為郡,預漢之郡縣,而求於三代則為州,三代之九州,散而為漢之六十餘郡,漢之六十餘郡,分而為今之三百餘州,雖其間或離或合,不可討究,而吾胸中蓋已了然矣。」

末云:「譬如三十幅之車,制之以轂,二篇之策,統之以乾坤,豈不約而易操乎。是以願廣其書於世,必有能辨之者,世之君子,其試以是觀之。」

綜觀歐陽忞之序文,著述其纂修之緣由與意旨,歷程與始末,大略如斯矣。

## （三）纂者事考

　　歐陽忞，史傳無考。惟據相關佐證資料，概述於次，以供方家查考。

　　南宋・晁公武《讀書志》云：實無其人，乃著書者所偽託。

　　南宋・陳振孫《直齋書錄解題》則謂：「歐陽修從孫，以行名皆連心字為據。」於是顯見，忞非無其人也。

　　歐陽忞，北宋・廬陵（今江西省吉安縣）人。歐陽修從孫（從陳振孫說），著有《輿地廣記》（自序稱：廣陵人，疑為傳寫之誤）。

　　臧勵龢《中國人名大辭典》（頁一五〇九）、楊家駱《四庫大辭典》（頁一一六六），有載。

## （四）主要內容

　　宋・歐陽忞《輿地廣記》（凡三十八卷），除首載：歐陽忞〈輿地廣記序〉外，其重要內容，依卷第四（相當目錄），就「皇朝郡國」，分著於次，以供查考。

**四　　京**：東京　西京　南京　北京
**京東東路**：青　密　齊　沂　登　萊　濰　淄　淮陽
**京東西路**：兗　徐　拱　興仁　鄆　濟　單　濮　廣濟
**京東南路**：襄　鄧　隨　金　房　均　郢　唐　光仁
**京東北路**：潁昌　鄭　滑　孟　蔡　陳　潁　汝　信陽

**河北東路**：開德　河間　滄　冀　博　棣　莫　雄　霸
德　濱　恩　清　永靜　信安　保定

**河北西路**：真定　相　中山　邢　懷　衞　洺　深　磁
祁　趙　保　安肅　永寧　廣信　順安

**河北路化外州**：安東上都護　幽　涿　易　檀　薊　嬀
平　營

**陝西永興軍路**：京兆　河中　陝　延安　同　華　耀
邠　鄜　解　慶　虢　商　寧　坊　丹　環　銀　綏德
保安

**陝西秦鳳路**：鳳翔　秦　涇　熙　隴　成　鳳　岷　渭
原階　河　蘭　鞏　會　西安　西寧　湟　廓　洮
鎮戎　德順　懷德　積石

**陝西路化外州**：安西大都護　北庭大都護　靈　夏　涼
沙　爪　鹽　勝　西　伊　甘　肅　疊　宕　豐　宥

**河東路**：太原　潞　晉　府　麟　絳　代　隰　慈　忻
汾　澤　憲　嵐　石　遼　豐　威勝　平定　岢嵐
寧化　火山　保德　晉寧

**河東路化外州**：單于大都護　安北大都護　鎮北大都護
雲　應　新　蔚　朔　寰　儒　毅

**淮南東路**：楊　亳　宿　楚　海　泰　泗　滁　真　通
高郵

**淮南西路**：壽　盧　蘄　和　舒　濠　光　黃　無爲

**兩淛路**：杭　越　平江　潤　湖　婺　明　常　溫　台
處　衢　睦　秀

**江南東路**：江寧　宣　歙　江　池　饒　信　太平

南康　廣德

　　**江南西路**：洪　虔　吉　袁　撫　筠　興國　南安
臨江　建昌

　　**荊湖南路**：潭　衡　道　永　郴　邵　全　武崗　桂陽

　　**荊湖北路**：江陵　鄂　安　復　鼎　澧　峽　岳　歸
辰　沅　靖　漢陽　荊門

　　**荊湖北路化外州**：錦　獎　溪

　　**成都府路**：成都　眉　蜀　彭　縣　漢　嘉　邛　黎
雅　茂　簡　威　祺　亨　永康　仙井

　　**成都府路化外州**：松　當　悉　靜　恭　柘　翼　真
乾　姚　嶲

　　**梓州路**：梓　遂　果　資　普　昌　敘　瀘　合　榮
渠　懷安　廣安　長寧　富順

　　**利州路**：興元　利　洋　閬　劍　巴　文　興　蓬　龍
三泉

　　**利州路化外州**：扶

　　**夔州路**：夔　黔　達　施　忠　萬　開　涪　恭　珍
承　溱　梁山　南平　遵義　大寧

　　**夔州路化外州**：費　西高

　　**福建路**：福　建　泉　南劍　汀　漳　邵武　興化

　　**廣南東路**：廣　韶　循　潮　連　封　端　新　康
南恩　梅　南雄　英　惠

　　**廣南西路**：桂　容　邕　融　象　賀　昭　梧　藤　龔
潯　貴　梆　宜　賓　橫　化　高　雷　欽　鬱林　廉
瓊州　昌化　萬安　朱崖

**廣南路化外州**：安南大都護　峯　瀼　巖　田　愛　驥
陸　福祿　長　湯　演　林　景　山　環　籠　古

# （五）海南建置

本《輿地廣記》，於「廣南西路下」（卷第三十七）載：
瓊州、昌化軍、萬安軍、朱崖軍，分著於次，以供查考。

**瓊　州**：漢珠崖郡地，自合浦、徐聞南入海得大州，東
西南北方千里。武帝元封元年（110B.C），略以為儋耳、珠
崖郡，自初為郡縣，吏卒中，國人多侵陵之故，率數歲一反。
昭帝廢儋耳，併珠崖。元帝用賈捐之言，又棄珠崖郡。東漢
置珠崖縣，屬合浦郡。吳赤烏五年（242），復立珠崖郡。晉
平吳，郡廢入合浦，後復立朱崖郡。梁兼立崖州，隋、陳因
之。唐正觀五年，析崖州立瓊州。元寶元年（742）曰瓊山郡，
自乾封後沒山洞蠻。正元五年，嶺南節度使李復討平之。五
代為南漢所有，今縣五：

**瓊山縣**：隋末置，屬崖州。唐正觀五年立瓊州，十三年
（639）析置曾口、顏羅、容瓊三縣。正元七年，省容瓊入焉。
五代時省曾口、顏羅，故舍城縣隋末置。唐武德四年（621）
立崖州。皇朝（宋）開寶五年（972）州廢，以縣來屬。熙寧
四年（1071）省入瓊山，自縣北渡海，便風揚帆日，一夜至
雷州。有瓊山

**澄邁縣**：隋屬珠崖郡，唐屬崖州，皇朝（宋）開寶五年
（972）來屬。有澄邁山

**文昌縣**：本平昌，唐武德五年（622）置，隸崖州。正觀

元年更名，皇朝（宋）開寶五年（972）來屬。

**臨高縣**：本臨機，唐初隸崖州，正觀五年來屬，開元元年（713）更名。

**樂會縣**：唐顯慶五年（660）置。

**昌化軍**：漢屬珠崖郡，梁兼入崖州，隋以爲珠崖郡治焉。唐武德五年（622）年立儋州，天寶元年（742）曰昌化郡。五代爲南漢所有，皇朝（宋）熙寧六年（1073），廢州爲昌化軍。今縣三：

**宜倫縣**：本義倫，隋爲珠崖郡治。唐立儋州，州城即漢儋耳郡城也。皇朝（宋）太平興國元年（976），改義倫曰宜倫。有毗耶山、昭山、倫江

**昌化縣**：隋屬珠崖郡，唐武德五年（622）來屬。皇朝（宋）熙寧六年（1073），省爲鎮入宜倫。元豐三年（1080）復置。有昌化石（極爲靈異，祈禱多應），有南崖江

**感恩縣**：隋屬珠崖郡，唐武德五年（622）來屬。皇朝（宋）熙寧六年（1073），省爲鎮入宜倫，元豐四年（1081）復置。有感勞山、滴龍江

故富羅縣本毗善，隋屬珠崖郡，唐武德五年（622）更名來屬，南漢省之。

故洛陽縣，唐乾元後置，皇朝（宋）省之。

**萬安軍**：隋珠崖郡地，唐正觀五年屬瓊州，十三年（639）屬崖州，龍朔二年（662）立萬安州，天寶元年（742）曰萬安郡，至德二年（757）更名萬全郡，後復故名。五代爲南漢所有，皇朝（宋）熙寧七年（1074）廢州爲萬安軍，今縣二：

**萬寧縣**：本萬安，唐正觀五年析文昌置，屬萬安州。開

元九年（721）州徙治陵水，至德二年（757）曰萬全，正元元年州復徙治，此後復故名。皇朝（宋）改爲萬寧，有赤隴山，金仙水。

　　**陵水縣**：唐置，本隸振州，後來屬。皇朝（宋）熙寧七年（1074）省爲鎮入萬全，元豐三年（1080）復置。有靈山、陵柵水

　　故富雲、博遼二縣，唐正觀五年置，南漢皆省之。

　　**朱崖軍**：隋珠崖郡地，唐武德五年（622）立振州，臨振郡，又曰寧遠郡，天寶元年（742）曰延德郡。五代爲南漢所有，皇朝（宋）開寶五年（972）改爲崖州，熙寧六年（1073）廢州爲朱崖軍，今鎮二：

　　**臨川鎮**：本臨川縣，隋末置

　　**藤橋鎮**：初唐振州，領寧遠、延德、吉陽、臨川、落屯五縣。南漢時，省延德、臨川、落屯三縣。熙寧六年（1073）省寧遠、吉陽二縣，爲臨川、藤橋二鎮焉。

　　案：於「海南建置」中，所載「唐正觀五年」似誤，應係唐太宗貞觀五年（631）歲次辛卯。又云：「正元元年、五年或七年」亦誤，應係唐德宗貞元元年（785）、五年（789）或七年（791）。特勘正之，以供查考。

# （六）纂修體例

　　北宋・歐陽忞《輿地廣記》（凡三十八卷），前卷敘述疆域，自堯舜以至五代之大略，而係之宋時郡縣名。於卷第

四，則專載宋郡縣名，以當目錄。自卷第五以後，乃四京二十三路郡縣沿革離合，其化外州（係前代州邑，宋已不能有者，諸如：燕、雲十六州之類），雖非宋代所有，而前代有之，仍附於各路之末。

　　本《輿地廣記》，所敘述政區沿革，結合歷史故實，統合古今，先敘歷代疆域（政區），再按當時行政區畫區分。亦就是以宋疆域制為順序，列述郡邑之名，則端委詳明，較易尋覽矣。

　　是《輿地廣記》，體例明晰，原委賅括。其紀事，詳今略古，縱橫結合，一般志書共有之四至（八到），道里、戶口、風俗、土產等目，皆不採之。而所謂化外州則載入，不僅足資考證，且亦表達其作者撰述思惟與意涵耶。

　　按《輿地廣記》（凡三十八卷），前三卷所纂，緣自堯舜，以至五代，疆域大略，而繫以宋之郡縣名。於「卷第一」誌《禹貢》九州（古冀州、古兗州、古青州、古徐州、古揚州、古荊州、古豫州、古梁州、古雍州），《舜十二州》（冀州、兗州、青州、徐州、揚州、荊州、豫州、梁州、雍州、并州、幽州、營州）。

　　緣書舜肇十有二州，孔安國云：禹治水之後，舜分冀州為幽州、并州，分青州為營州，始置十二州，餘九州依上矣。

　　春秋七國，周（地：西京・孟）赧王五十九年（256B.C），九鼎入秦，周遂亡，實秦昭襄王五十一年也。七國境地如次：

**秦地：**京兆　南　華　同　耀　邠　鳳翔　麟　延安　丹　坊　鄜　銀　夏　寧　慶　環　原　涇　渭　宥　靈　鹽　鳳　秦　岷　會　鞏　蘭　河　熙　虢　隴　綏德

保安　西安　鎮戎　德順

　　　按《漢志》：秦地於天官、東井、輿鬼之分壄也。

**魏地**：開封　大名　河中　興仁　晉　絳　慈　隰　解
衛　深　祁

　　　秦始皇二十二年（225B.C.），王賁伐魏，引河溝灌大
梁，遂滅魏。

**韓地**：鄭　穎昌　唐　鄧　均　汝　陝

　　　秦始皇十七年（230B.C.），史勝滅韓，以其地置穎川
郡。

**趙地**：澤　潞　遼　代　沂　憲　汾　嵐　石　勝　府
豐　太原　洛　相　邢　磁　滄　清　冀　恩　真定　中山
莫　河間　趙　豐　平安　威勝　寧化　岢嵐　火山　保德
晉寧　永靜　順安　永寧　雲　蔚　朔　勝　單于大都護

　　　秦始皇十九年（228B.C.），王翦破趙，克邯鄲，虜趙王
遷。

**燕地**：幽　涿　霸　雄　嬀　易　檀　薊　平　營　保
順　信安　保定　安肅　廣信　安東

　　　秦始皇二十五年（222B.C.），王賁攻遼東，虜燕王喜。

**齊地**：登　萊　沂　密　濰　青　淄　濱　滄　棣　齊
德　博

　　　秦始皇二十六年（221B.C.），王賁攻齊，齊降。

**楚地**：房　金　洋　興元　雲　夔　鼎　澧　辰　黔
安　岳　黃　鄂　復　郢　襄　峽　歸　施　江陵　沅　楚
通　泰　楊　真　滁　濠　和　壽　廬　舒　光　蘄　江
筠　吉　潤　湖　江寧　秀　池　歙　宣　睦　常　平江

杭　越　明　台　婺　溫　處　衢　隋　潁　海　黃　饒
信　洪　虔　支　撫　潭　衡　道　永　邵　全　郴　漣
陳　漢陽　無為　南康　興國　臨江　南安　太平　廣德
光化　信陽　建昌　桂陽　武岡　荊門　溪　錦

　　秦始皇二十四年（223B.C.），王翦破楚，虜楚王負芻。
二十五年（222B.C.）悉定荊江南地，降百越之君，置會稽
郡。

　　秦四十郡：其疆域分述如次，以供方家查考。

　　**三川郡**：有河、洛、伊，故曰：三川。

　　　　衛　懷　孟　開封　鄭　河南　汝　陝　虢　拱

　　**河東郡**：晉　絳　慈　隰　解　河中

　　**邯鄲郡**：洛　相　邢　磁　趙

　　**南　郡**：安　黃　鄂　復　郢　襄　峽　歸　施　江陵
漢陽　興國　荊門

　　**九江郡**：楚　通　泰　楊　真　滁　濠　和　壽　盧
舒　光　蘄　筠　吉　饒　信　洪　虔　袁　撫　無為
南康　臨江　南安　高郵　建昌

　　**鄣　郡**：江寧　池　歙　宣　太平　廣德

　　**會稽郡**：常　平江　秀　杭　越　明　台　婺　溫　處
衢　潤　湖　睦

　　**潁川郡**：潁昌　陳　蔡

　　**碭　郡**：應天　興仁　鄆　濟　單　亳　廣濟

　　**泗水郡**：徐　宿　泗

　　**薛　郡**：兗　海　淮陽

　　**東　郡**：博　濮　大名　滑　開德

琅邪郡：沂　密

齊　郡：濰　登　萊　青　淄　棣　德　齊　濱

上谷郡：幽　涿　信安　霸　保定　雄　莫　河間
順安　保　永寧　嬀　安肅　祁　廣信　易　中山

漁陽郡：檀　薊

北平郡：平

遼西郡：營

遼東郡：安東上都護

代　郡：蔚

鉅鹿郡：滄　清　冀　恩　深　真定　永靜

南陽郡：唐　隨　鄧　均　信陽　光化

上黨郡：澤　潞　遼　平定　威勝

太原郡：代　忻　憲　汾　嵐　石　府　太原　寧化
岢嵐　火山　保德　晉寧

雲中郡：勝　單于大都護

九原郡：豐　安北

鴈門郡：雲　應　朔

上　郡：麟　延安　丹　防　鄜　銀　夏　綏德　保安

隴西郡：鳳　秦　岷　會　鞏　蘭　河　熙

北地郡：寧　慶　環　原　涇　渭　宥　靈　西安
鎮戎　德順　鹽

漢中郡：房　金　洋　興元

巴　郡：巴　蓬　閬　果　普　昌　瀘　恭　合　忠
萬　慶　安　夔　大寧　開　達　渠　涪　梁山

蜀　郡：利　三泉　劍　縣　遂　梓　漢　彭　成都

眉　蜀　邛　雅　嘉　簡　永康　仙井　資　縈　懷安

**黔中郡**：鼎　澧　溪　辰　錦　黔　沅　獎　思

**長沙郡**：岳　潭　衡　邵　永　道　郴　達　全　桂陽

**內史郡**：商　華　京兆　同　耀　邠　鳳翔　隴

**閩中郡**：福　建　泉　南劍　邵武　汀　漳　興化

**南海郡**：潮　梅　循　惠　南雄　廣　韶　英　端　康
新　恩　南恩　賀　封　高　竇　藤

**桂林郡**：桂　昭　梧　龔　潯　鬱林　融　象　貴　柳
賓　橫　邕

**象　郡**：容　化　雷　廉　欽　陸　愛　演　驩　宜
峯　福祿　安南大都護

按：秦始皇十七年（230B.C.），十九年（228B.C.）滅
趙，二十二年（225B.C.）滅魏，二十四年（223B.C.）滅楚，
二十五年（222B.C.）滅燕，二十六年（221B.C.）滅齊，遂
并天下分為三十郡，郡置守尉監（漢書百官表曰：秦郡守掌
治其郡，有丞尉掌佐守典武職甲卒，監御史掌監郡）。於是
興師踰江平取百越，又置閩中、南海、桂林、象郡，凡四十
郡。其地西臨洮、北沙漠、東縈、西帶，皆臨大海焉。

案：海南古名珠崖，又名瓊臺，或稱瓊州，抑曰瓊崖，
簡稱瓊。唐（堯）虞（舜）三代為揚越之荒徼，秦
為象郡之外域，漢屬珠崖、儋耳郡地。

漢十三郡：昌化、萬安、朱崖，屬交州。三國：瓊、昌
化、萬安、朱崖，屬東吳統轄。晉十九道：瓊，仍督隸交州。
唐十五道採訪使：崖（今廢）、瓊、振（今朱崖）、儋（今
昌化）、萬安，屬嶺南道採訪使，治廣州。五代：瓊、崖、

儋、萬安，屬南漢（劉隱立，都廣州，轄嶺南）矣。

## （七）刊版年代

北宋・歐陽忞《輿地廣記》（三十八卷），其書成於北宋徽宗政和年間（歐陽忞序作政和十一年三月，惟政和止於七年，序作十一年，似有誤）。綜合諸家書目資料，就其知見藏板，依刊版年次，臚著於次，以供查考。

宋槧本　宋欽宗靖康元年（1126）丙午

案：李盛鐸（宋槧本）〈輿地廣記跋〉：「原刻必在靖康以前」。特據是說著錄之，以供參考。

清傳是樓有影宋本　　　　士禮居仿宋刊本

黃丕烈仿宋刊附記二卷本　士禮居黃氏叢書本

清嘉慶十七年（1812）重刻曝書樓宋刻本

　　　　臺灣：國立臺灣圖書館　四冊

清乾隆間寫文淵閣四庫全書本

　　　　臺灣：國立故宮博物院　六冊

四庫全書本（臺灣商務印書館景印版）

清乾隆間武英殿聚珍本

　　　　臺灣：國立故宮博物院　一十六冊

武英殿聚珍本　　中國：上海圖書館

武英殿聚珍版叢書本　聚珍板本　浙江鮑士恭家藏本

清嘉慶間王士和手抄本　　臺灣：國家圖書館　四冊

清周錫瓚手校並跋兼過錄黃丕烈題記

　　　　臺灣：國家圖書館　四冊

清光緒二十一年（1895）廣州刊本
　　（附孫星衍《校勘記》二卷）
廣州局本　　　　江寧局本　　　　閩刊本
叢書集成初編本　　　國學基本叢書本

# 結　語

　　北宋・歐陽忞《輿地廣記》（凡三十八卷），乃歷代輿
地記中之上乘佳作也。矧其書爲北宋地志，考訂沿革，極有
條理，竹坨（朱彝尊）謂在《太平寰宇記》上，不尤可寶耶
（李盛鐸〈輿地廣記跋〉宋槧本）。

　　綜觀《輿地廣記》體例，特爲清晰，其書前四卷（卷一
至卷四），先敘歷代疆域，提其綱要，五卷以後，乃列宋疆
域制爲順序，述郡邑之名，而端委詳明，較易尋覽，亦輿地
記中之佳本也（參見《四庫全書總目》卷六十八）。清・顧
祖禹《讀史方輿紀要》、顧炎武《天下郡國利病書》，皆仿
其編例耶。

　　誠如：清・周中孚《鄭堂讀書記補逸》（卷十一）：「體
例明晰，原委賅括，北宋人地志，自迥然不同也。……其全
書則有條不紊，勝於樂氏《寰宇記》之作。後此爲輿地書者，
中原不入職方，殘山剩水，僅述偏安州郡，至於元始修《大
一統志》，而罕見全書，益以徵是編之足資考證者多也。」
於是顯見，其書價值，彌足珍貴矣。

宋《輿地廣記》書影

輿地廣記卷第三十七

廣南西路下

下瓊州漢珠崖郡地自合浦徐聞南入海得大州東西南北方千里武帝元封元年略以為儋耳珠崖郡自初為郡縣吏卒中國人多侵陵之故率數歲一反昭帝廢儋耳併珠崖元帝用賈捐之言又棄珠崖郡東漢置珠崖縣屬合浦郡吳赤烏五年復立珠崖郡晉平吳郡廢入合浦後復立朱崖郡梁兼立崖州隋陳因之唐正觀五年析崖州立瓊州天寶元年曰瓊山郡自乾封後沒山洞蠻正元五年嶺南節慶使李復討平之五代為南漢所有今縣五

中瓊山縣隋末置屬崖州唐正觀五年立瓊州十三年析置曾口顏羅容三縣正元七年省容瓊入焉五代時省曾口顏

羅故舍城縣隋末置唐武德四年立崖州　皇朝開寶五

## 參考文獻書目

《輿地廣記》三十八卷　　宋・歐陽忞撰

　　清嘉慶十七年（1812）重刻曝書樓宋刻本　線裝　四冊

《正德　瓊臺志》四十四卷　　明・上官崇修　　唐　胄纂

　　民國七十四年（1985）臺北市　新文豐出版社　重印本

　　（據天一閣藏明正德十六年刊本）

《光緒　崖州志》二十二卷　　清・鍾元棣修　　張　雋纂

　　一九八三年四月　廣州市　廣東人民出版社　鉛印本

　　（據民國三年鉛印版，重新橫排簡體字本）

《民國　儋縣志》十八卷　首一卷　　彭元藻修　王國憲纂

　　民國六十三年（1974）臺北市　成文出版社　影印本

　　（據民國二十五年五月　海南書局　鉛印本）

《道光　萬州志》十卷　　清・胡端書修　　楊士錦纂

　　民國三十七年（1948）　鉛印本

　　中華民國九十五年（2006）丙戌十月三日　初　稿

　　中華民國九十八年（2009）己丑歲端陽節　校補稿

　　　　臺北市：海南文獻史料研究室

# 二、瓊州府建置沿革

海南，古名：珠崖，又名：瓊臺，或曰：瓊崖，俗稱：瓊州，簡稱：瓊。原爲古緩耳或儋耳國，唐虞爲古南交（南粵）地，三代在《禹貢》古揚州域內。春秋乃揚越或百越地，秦爲象郡之地域，漢屬珠崖、儋耳二郡境地。

## （兩漢三國）

緣自漢武帝元封元年（110B.C）辛未，始於其地，開置珠崖（領十一縣）、儋耳（領五縣）二郡，統轄區域合十六縣，屬交趾刺史部。漢昭帝始元五年（82B.C）己亥，遂罷儋耳併入珠崖郡。至漢元帝初元三年（46B.C）乙亥，又罷珠崖郡置朱盧縣，屬合浦郡爲都尉治，乃隸交趾刺史部。

　　案：漢置珠崖郡，領暉都、山南、玳瑁、珠崖、紫貝、
　　　　苟中、顏盧、永豐、順潮、臨振、○○等十一縣。
　　　　儋耳郡，領儋耳、至來、九龍、樂羅、○○等五縣，
　　　　合十六縣（尚有二縣名，有待方家查考）。

東漢光武帝建武十九年（43）癸卯歲，平交趾，復置珠崖縣，屬合浦郡，仍督於交州。迨漢明帝永平十年（67）丁卯，前儋耳境降附。迄三國時代，海南屬東吳統治，於吳大帝（孫權）赤烏五年（242）壬戌，復置珠崖郡，領徐聞（郡治，非海南境地）、朱盧、珠瑁三縣，隸交州。

# （兩晉時代）

晉（世祖）武帝（司馬炎）太康元年（280）庚子歲，滅吳，省珠崖置合浦郡，并改朱盧爲玳瑁縣。領縣有五：合浦（郡治）、南平、蕩昌、徐聞（以上非海南境）、珠官、玳瑁（以上屬海南地），仍督於交州。實際上，所轄乃廉州、欽州、合浦、瓊州全境也。

# （南北朝）

南北朝時代，宋文帝元嘉八年（431）辛未，復立珠崖郡（治所設在徐聞），屬交州。尋又廢珠崖入隸合浦郡，以朱盧、珠官二縣，屬越州。齊，沿宋制。於梁武帝（蕭衍）中大同年間（546）丙寅，就舊儋耳地，置崖州，領朱盧、珠官二縣，統於廣州。陳因梁制，仍屬廣東都督。

# （隋唐兩代）

隋文帝（楊堅）開皇九年（589）己酉，仍爲崖州。於隋煬帝（楊廣）大業三年（607）丁卯，始改崖州爲珠崖郡（治設義倫），領縣五：義倫（今儋州境）、感恩（今東方市）、顏盧（瓊山縣境，今隸海口市）、毗善（臨高縣境）、吉安（昌江縣境）。又析西南地置臨振郡（治設寧遠），領縣五：延德（清・崖州地）、寧遠（清・崖州地）、隆邁（今澄邁

縣）、昌化（今昌江縣）、武德（前文昌及瓊山縣境），屬
揚州司隸刺史。

唐高祖（李淵）武德五年（622）壬午，改珠崖郡爲崖州，
領縣四：顏城（隋・顏盧縣地）、隆邁（隋置）、臨機（析
富羅縣置）、平昌（隋・武德縣地）。改臨振郡爲振州，領
縣四：寧遠（隋置）、延德（隋置）、臨川（新置）、陵水
（新置）。并析置儋州，領縣四：義倫（隋置）、昌化（隋・
吉安縣併入）、感恩（隋置）、富羅（隋・毗善縣地）。

唐太宗貞觀元年（627）丁亥，屬嶺南道統轄，并置崖州
都督府，以顏城更名舍城縣，平昌更名文昌縣，又析昌化復
置吉安縣，析舍城置瓊山縣，析延德置吉陽縣。至貞觀五年
（631）辛卯，析文昌置萬安、富雲、博遼三縣，析崖州境地
新置瓊州，領縣：瓊山、臨機、萬安、富雲、博遼。崖州領
縣：舍城、隆邁、文昌。儋州領縣：義倫、昌化、感恩、富
羅、吉安。振州領縣：寧遠、延德、臨川、陵水、吉陽。於
貞觀十三年（639）己亥，析瓊山、隆邁，置曾口、顏羅、容
瓊三縣，以屬瓊州。以萬安、富雲、博遼三縣，改隸崖州。

唐高宗顯慶五年（660）庚申，析容瓊縣地，新置樂會縣，
以屬瓊州。高宗龍朔二年（662）壬戌，析置萬安州，并移崖
州之萬安、富羅、博遼三縣，曁振州之陵水縣屬之。於高宗
乾封後（667）丁卯，瓊州陷於蠻洞，遂以臨機縣屬崖州。

唐玄宗開元元年（713）癸丑，改臨機爲臨高縣，省廢舍
城縣。於玄宗天寶元年（742）壬午，改瓊州爲瓊山郡，儋州
爲昌化郡，崖州爲珠崖郡，振州爲延德郡（新置落屯縣屬之），
萬安州爲萬安郡。

唐肅宗乾元元年（758）戊戌，復改郡為州，廢棄儋州屬吉安縣，新置洛場縣屬儋州。

唐德宗貞元五年（789）己巳，嶺南節度使李復尅復瓊州，奏置瓊州都督府。在德宗貞元七年（791）辛未，省瓊州屬容瓊縣。

唐懿宗咸通三年（862）壬午，瓊境五州：瓊州（都督府）領縣四：瓊山、曾口、顏羅、樂會，崖州領縣三：臨高、澄邁、文昌，儋州領縣五：洛場、義倫、昌化、感恩、富羅，振州領縣五：落屯、寧遠、延德、臨川、吉陽，萬安州領縣四：萬安、富雲、博遼、陵水，屬嶺南西道。迨懿宗咸通五年（864）甲申，在舊瓊山南境黎峒（今定安縣西南峒），置忠州，尋廢。

# （五代十國）

五代十國時期，屬南漢（劉隱立，都廣州，轄嶺南），對海南之州縣建置，初沿唐制。於乾和十五年（957）丁巳，廢罷瓊州之曾口、顏羅二縣，儋州之富羅縣，振州之延德、臨川、落屯三縣，萬安州之富雲、博遼二縣（計廢罷八縣，留有十四縣）。

　　案：瓊州領縣二：瓊山、樂會。崖州領縣四：舍城、澄
　　　　邁、文昌、臨高。儋州領縣四：義倫、昌化、感恩、
　　　　洛場。萬安州領縣二：萬安、陵水。振州領縣二：
　　　　寧遠、吉陽。

# （兩宋元代）

宋太祖（趙匡胤）開寶五年（972）壬申，廢崖州，以其舊地併入瓊州，改振州爲崖州，并廢儋州之洛場縣，其境地撥入昌化縣，復置舍城縣。其瓊州領縣六：瓊山、澄邁、文昌、舍城、臨高、樂會，儋州領縣三：義倫、昌化、感恩，崖州領縣二：寧遠、吉陽，萬安州領縣二：萬寧、陵水，屬廣南西路。

宋太宗（趙匡義，後改：光義）太平興國元年（976）丙子，改義倫爲宜倫縣。於至道三年（997）丁酉，屬廣南西路。

宋神宗（趙頊）熙寧四年（1071）辛亥，省廢舍城併入瓊山縣。於熙寧六年（1073）癸丑，置瓊管安撫司。廢吉陽縣爲藤橋鎮，寧遠縣爲臨川鎮，仍屬廣南西路。

宋徽宗（趙佶）崇寧五年（1106）丙戌，復置延德縣，屬珠崖軍。次年改元大觀元年（1107）丁亥，置鎮州於黎母山峒，以爲靖海軍節度，并置龍門、鎮寧二縣，又升延德縣爲延德軍，增設通遠縣。并創置通華、四達二縣，隸昌化軍。於政和元年（1111）辛卯，廢鎮州，罷節度，以其境地併屬瓊州，并廢延德軍，其境地入感恩縣，隸昌化軍。改通遠縣爲通遠鎮，後改爲通遠砦，隸珠崖軍。政和七年（1117）丁酉，改珠崖軍爲吉陽軍。宣和五年（1123）癸卯，改爲瓊管安撫都監，屬廣南西路。

南宋高宗（趙構）紹興六年（1136）丙辰，廢昌化、萬安、吉陽三軍。復置寧遠縣，以屬瓊管安撫都監統領。於紹興十三年（1143）癸亥，復置萬安軍（領縣二：萬安、陵水）、吉陽軍（領縣二：吉陽、寧遠）。次歲（1144）甲子，復置昌化軍（領縣三：宜倫、昌化、感恩）。樂會縣，復隸瓊州。

迄宋理宗（趙昀，初名：趙貴誠）端平二年（1253）乙未，昌化軍改名：南寧軍。仍隸瓊管安撫都監，屬廣南西路。

元世祖（忽必烈）滅宋，統治中原。於至元十五年（1278）戊寅，始渡海入瓊，其軍縣建置多沿仿宋制。改瓊管爲瓊州路安撫司，屬湖廣行中書省。至元十七年（1280）庚辰，又置海北海南道宣慰司（介於省與路間承轉機構，係擇遠距京都或省治之地而設），司治在雷州，領瓊州路。至元二十八年（1291）辛卯，改爲瓊州路軍民安撫司。增置會同縣（析樂會縣地立）、定安縣（析瓊山、澄邁二縣部份境地立）。又廢吉陽縣，其萬安、吉陽（領寧遠一縣）、南寧三軍，仍沿宋制。

元明宗（和世㻋，武宗長子）天曆二年（1329）己巳，改瓊州路爲乾寧軍民安撫司，并升定安縣爲南建州。

元順帝（亦稱：庚申帝，明宗長子，名：妥歡帖）至正末年（1367），改隸廣西行中書省（治在今廣西省南寧市）。

# （明清兩代）

明太祖（朱元璋）洪武元年（1368）戊申，改元置瓊州路爲瓊州，南寧軍爲儋州，萬安軍爲萬州，吉陽軍爲崖州，廢南建州復名定安縣爲瓊州轄地，隸於海北海南道宣慰司，仍屬廣西行中書省。於洪武三年（1370）庚戌，廣東衛指揮

僉事孫安奏請，陞瓊州爲府，以儋、萬、崖爲屬州，仍各領
縣。洪武九年（1376）丙辰，棄廣西行中書省。改屬廣東承
宣布政使司，并析海北海南道宣慰司，置海南道，治設瓊州。
瓊州府領縣七：瓊山、澄邁、臨高、定安、文昌、樂會、會
同，儋州領縣二：宜倫、昌化，萬州領縣二：萬寧、陵水，
崖州領縣二：寧遠、感恩。

　　明英宗（朱祁鎮，宣宗長子）正統四年（1439）己未，
以儋州治宜倫縣省入儋州（僅存昌化縣）、萬州治萬寧縣省
入萬州（僅留陵水縣）、崖州治寧遠縣省入崖州（僅留感恩
縣）。其瓊州府領三州十縣，隸於海南道，屬廣東承宣布政
使司。

　　清世祖（福臨，太宗九子）順治九年（1652）壬辰歲八
月，清兵渡海入瓊，建置因襲明制，在府外設按察司副使兼
提學，隸於廣東。

　　清聖祖（玄燁，世祖三子）康熙十三年（1674）甲寅，
改設分巡雷瓊道。於康熙四十五年（1706）丙戌，裁提學。

　　清世宗（胤禛，聖祖四子）雍正八年（1730）庚戌，改
爲分巡海南道加兵備銜，隸於廣東。

　　清高宗（弘曆，世宗四子）乾隆四年（1739）己未，改
名分巡雷瓊兵備道（俗稱：雷瓊道）。

　　清德宗（載湉）光緒三十一年（1905）乙巳，改置瓊崖
道（雷瓊兵備道）。瓊州府領一州七縣，升崖州爲直隸州領
四縣，並降萬州爲萬縣屬之，仍隸於廣東省。

# （中華民國）

民國肇立，廢州為縣，改萬州復名萬縣，儋州名為儋縣，崖州名稱崖縣，其瓊崖道依舊，領十三縣，屬廣東省都督府。

民國三年（1914）甲寅歲一月，以會同縣與湖南省會同縣名重複，改稱瓊東縣。昌化縣與浙江省昌化縣名相同，改名昌江縣。萬縣與四川省萬縣雷同，更名萬寧縣。

民國十年（1921）辛酉，廢棄道制，改名：瓊崖區。於民國十一年（1922）至三十四年（1945）間，建置變更頻仍，諸如：瓊崖善後處（民國十一年置）、瓊崖行政委員會（民國十五年置）、廣東南區（瓊崖區）善後公署（民國十七年置）、瓊崖綏靖公署（民國二十二年置）、廣東第九區（瓊崖）行政督察專員公署（民國二十五年設）、廣東省政府主席駐瓊崖辦公室（民國三十四年設置），皆隸於廣東省政府。

然在民國二十四年（1935）乙亥歲，廣東省政府，據駐軍警衛旅旅長，兼瓊崖撫黎專員陳漢光將軍建議，就其瓊山、定安、樂會、萬寧、陵水、儋縣、昌江、感恩、崖縣等九縣境內黎區，劃出七十二峒，分置樂東、保亭、白沙三縣。於是瓊崖區領縣，增為十六縣，仍屬廣東省政府。

民國三十六年（1947）丁亥歲八月，行政院院務會議通過，以瓊崖改海南特別行政區，直隸行政院。於次年（1948）行政院明令公布，民國三十八年（1949）己丑歲四月一日，正式成立行政長官公署，派陳濟棠（伯南）將軍首任行政長官，並設海南建省籌備委員會。其治設海口市，轄管瓊山、

文昌、澄邁、臨高、儋縣、定安、瓊東、樂會、萬寧、陵水、
崖縣、感恩、昌江、樂東、保亭、白沙等十六縣一市，暨南
海之西沙、中沙、南沙、東沙等諸群島。

# （中華人民共和國）

　　民國三十八年（1949）己丑歲十月一日，中華人民共和
國成立。次年（1950）庚寅歲四月，海南易幟，中共以海南
特別行政區（原隸中央行政院），改置海南行政區，回屬於
廣東省人民政府（行政管轄區域）。

　　迨一九八八年（戊辰）四月十三日，中共終於宣布海南
建省，成為中國第五個經濟特區，並設置各專業開發區。其
行政區劃名稱：海口、三亞、通什三市，暨瓊山、文昌、定
安、瓊海、萬寧、澄邁、臨高、儋縣、屯昌、瓊中、保亭、
白沙、昌江、東方、樂東、陵水等十六縣，以及西沙、中沙、
南沙群島辦事處。

　　於今海南省政區，建置海口、三亞二直轄地級市，文昌、
瓊海、萬寧、儋州、東方、五指山等六直轄縣級市，臨高、
澄邁、定安、屯昌四縣，昌江、陵水、白沙、樂東四黎族自
治縣，保亭、瓊中二黎族苗族自治縣，暨新置三沙市（直轄
地級市）。治設西沙群島永興島。

# 三、海南特別行政區建制經過

## ～評敘新置樂東、保亭、白沙三縣史實～

海南古稱珠崖，俗曰瓊州，又名瓊崖，簡稱瓊。據云：因地處中國最南端，隔瓊州海峽，而與雷州半島相望，故有人稱雷州為海北，並稱瓊州為海南。

瓊崖位於東經一〇八度三十六分至一一一度二分三〇秒，北緯一八度九分至二〇度一〇分。人口約二百五十萬餘人，面積約三萬二千一百九十八平方公里，僅次於臺灣，為中國第二大島。就地理形勢言，海南與臺灣乃中國大陸之雙目；以國防戰略言，海南為中國南疆之屏障 —— 右拳。若無海南，就像人體右眼失明，右手殘缺，而人之四肢五官殘障不健全，對人體之損傷與影響，不言可知，於是足證，海南地位之重要性。

政府鑑於海南地位重要，國防及經濟價值，為建設瓊崖，開發南疆，鞏固國防。同時廣東一省，土地廣袤，幅員遼闊，係中國沿海諸省最廣省份，實有析省分治必要。乃由胡漢民、孫科等先賢提議，請設瓊崖特別區，於民國二十年（1931）十二月七日，國民政府國務會議決議：劃廣東省瓊崖全屬為特別行政區，直隸國民政府，設行政長官，並任命伍朝樞為行政長官（見國民政府第四六一號訓令，刊於民國二十一年一月十日，廣東省政府公報第一七六期）。伍朝樞氏於民國

二十一年（1932）三月一日就任瓊崖特別行政區行政長官，
同年（1932）四月十六日，在海口可園設立瓊崖特別區長官
公署臨時辦事處，以瓊崖原有十三縣及西沙（含附近群島）
為管轄範圍（見廣東省政府公報，民國二十一年四月十日第
一八三期，暨同年四月二十日第一八五期），惜因國內政局
突變，影響所及，對進行改置事宜，未能實施，誠屬憾事。

　　民國二十五年（1936）至三十四年（1945）間，瓊人陳
策、王俊、鄭介民、韓漢英、蔡勁軍（國大代表，住內湖山
莊）、黃珍吾（國大代表）、吳廼憲（國大代表，住北投）、
龔少俠（國大代表，住新店中央新村）、梁大鵬（在美任教
職）、王毅（立法委員）、吉章簡（國大代表，住新店中央
新村）、許業濃、黎鐵漢、郭繼川等，曾先後在南京及陪都
重慶，籲請中央，並請示同鄉宋子文先生（按宋氏當時任行
政院院長），將如何進行改海南為省，以固南疆國防（見陳
劍流、冼榮昌著《海南簡史》第六四頁，附錄：倡議海南改
省問題之考據六）。

　　迨抗戰勝利，於民國三十六年（1947）八月，行政院院
務會議通過，以瓊崖改為海南特別行政區，隸屬行政院，民
國三十七年（1948）行政院命令公佈，三十八年（1949）四
月，正式成立行政長官公署，派陳濟棠（伯南）將軍為行政
長官。同年（1949）六月六日，由總統明令公佈，建海南省，
並准在海口成立建省籌備委員會，以籌謀進行改省事宜。而
建省籌備委員計有：陳濟棠、吳道南、韓漢英、葉劍雄、陳
繼烈（國大代表，住新店中央新村）、曾祥鶴、江茂森（在
香港）、雲振中先生……等（見陳劍流、冼榮昌著《海南簡

史》第六四頁，附錄：倡議海南改省問題之考據七）。其行政轄區爲瓊山、文昌、定安、瓊東、樂會、萬寧、陵水、崖縣、澄邁、臨高、儋縣、昌江、感恩、樂東、保亭、白沙等縣暨海口市，以及東沙、西沙、中沙、南沙（太平島現有吾海巡署駐守）諸群島，共計十六縣一市，四個管理局。

　　行政轄區十六縣份中，除樂東、保亭、白沙等三縣，係新置縣治外，餘十三縣，均沿襲古制。然樂東、保亭、白沙等三縣，係由廣東省駐軍警衛旅旅長，兼瓊崖撫黎專員陳漢光將軍建議，而新置黎區之縣治，以作化黎中心，於民國二十四年（1935）四月，經廣東省政府第六屆委員會，第三六九次會議決議通過，撤銷瓊崖撫黎專員暨各黎務局，另設樂東、保亭、白沙等三縣治（見廣東省政府，民國二十四年四月二十五日，銓字第四一九號訓令，刊於民國二十四年五月十日，廣東省政府公報第二九四期）。其建縣史實，就筆者所識，概述如次，以供查考。

　　**樂東縣**：所轄區域，乃分自昌江縣原屬七叉，感恩縣屬東方（原擬設黎務局）、馬隆、鷄叨、峨叉、峨逆、抱由峒、田中、峨溝峒，崖縣屬樂安（原設有黎務局）、多潤峒、抱善峒、抱扛峒、龍鼻潭寨、多港峒、頭塘、萬冲峒、番陽峒、抱拄峒等，原屬三縣境內之黎區，另置一縣，取名樂安，即以樂安爲縣治（原設有黎務局）。並於東方（原擬設黎務局）、抱扛峒分設佐理員辦事處二所。全縣人口約四九、八四二人，面積約三、八二五平方公里。

　　惟樂安縣名，查與江西省舊吉安府屬樂安縣治，名稱相同，應予更改，以免重複。經樂安縣縣長尹耀辰，依據縣中地理歷史，已稽圖籍，考諸官書，博採士庶輿論，擬具樂東、瓊南兩縣名稱，呈廣東省政府民政廳，核與全國縣名，尚無重複，提經第六屆委員會，第四二〇次會議議決：改名「樂東縣」，並由國民政府西南政務委員會，第三二七九號指令：「准予備案」。（見廣東省政府，民國二十四年九月二十一日，銓字第一〇七六號訓令，刊於民國二十四年九月二十日，廣東省政府公報，第三〇七期）。

　　**保亭縣**：所轄區域，乃分自崖縣之不打、六羅、首弓、三弓、抱龍峒、同甲峒、水滿峒，陵水縣之保亭（原設有黎務局）、五弓、六弓、七弓、烏牙峒、嶺門團（原設有黎務局）、白石團、五指山、七指山、分界嶺、吊羅山，萬寧縣屬之稅司、南橋、西峒、北峒，樂會縣屬之竹根峒、太平峒、茄槽峒、合水團，安定縣屬之船埠，南引團、加多團、母瑞山等，原屬五縣境內之黎區，另置一縣，取名保亭，縣治即設保亭（原陵水縣保亭黎務局）。並於竹根峒，白石團分設佐理員辦事處二所。人口約六五、三二六人，面積約四、六四〇平方公里。

　　**白沙縣**：所轄區域，乃分自儋縣屬之雅叉峒、白沙峒、元門峒、龍頭峒、炳邦，昌江縣屬之霸王峒、烏烈、大坡（原擬設黎務局）、保平、馮虛峒，感恩縣屬之吳什峒，陵水縣屬之南流峒、十萬峒，定安縣之新市、營根舖、加釵峒、小水峒、思河圖，崖縣屬之紅毛上峒、紅毛下峒（原擬設紅毛峒黎務局）、道栽、紅茂村，瓊山縣屬之加錄峒、淋灣峒等，原屬七縣境內之黎區，另置一縣，取名白沙，即以白沙為縣治。並於新市、霸王峒分設佐理員辦事處二所。人口約

一五三、四七九人，面積約五、二六八平方公里。

　　茲錄新置樂東（原名樂安）、保亭、白沙等三縣，縣政府暫行組織章程，暨行政經費預算表（見廣東省政府，民國二十四年二月十五日，銓字第一六四號，暨同年四月二十五日，銓字第四一九號訓令，載於民國二十四年五月十日，廣東省政府公報，第二九四期第一一五至一二一頁），加以比較分析，俾供研究參攷。

**一、廣東省新置樂安保亭白沙等縣縣政府暫行組織章程：**

第一條　縣政府設縣長一人，綜理縣政，監督所屬機關及職員。

第二條　縣政府設佐理員三人至五人。

第三條　縣政府得劃定區域，分派佐理員就近處理事務。前項之佐理員，應就指定區域設處辦公。

第四條　縣政府得酌用事務員、僱員。

第五條　縣政府得設置警察。

第六條　本章程自公布日施行。

**二、新置樂安保亭白沙等縣行政經費預算表（見次頁）**

　　綜觀此表所錄，不難發現，各縣縣內組織簡單，員額編制縮減，但全縣轄地廣潤，除縣政府外，每縣僅分設佐理員辦事處二所，地位不高，權力有限。且全縣行政經費一千七百餘元（銀圓），每月撥助建設費五百元，另每縣核撥建築費一萬元，是足以證明，各縣財源不裕，經費短絀，財力有限，兼以人員既少，權力又微，故行政效率，必受影響，實難發揮化黎功能，徒勞無功，自不待言矣！

# 新置樂安保亭白沙等縣行政經費預算表

| 職別 | 員額 | 薪餉額 | 合計 | 備考 |
|---|---|---|---|---|
| 縣長 | 一 | 二〇〇 | 二〇〇· | 薦任五級 |
| 佐理員 | 四 | 六〇 | 二四〇· | 委任五級一人六級二人七級一人以二員派往指定區域設處辦公事務以二員留縣府處理各項 |
| 技士 | 三 | 六〇 | 一八〇· | 辦理土木衛生農林事務 |
| 事務員 | 四 | 四〇 | 一六〇· | 以二員留縣辦理會計監印庶務收發事務以二員分隨佐理員辦公 |
| 僱員 | 四 | 三〇 | 一二〇· | 以二員留縣任繕校管卷繙譯等事務以二員分隨佐理員辦 |
| 警長 | 四 | 二〇 | 八〇· | 以二人留縣府二人分隨佐理員 |
| 警士 | 四〇 | 一二 | 四八〇· | 二十名留縣府二十名分駐佐理員辦事處 |
| 伕役 | 八 | 一〇 | 八〇· | 四人留縣府四人隨佐理員 |
| 征糧司事及糧役 | | | | 暫不設置俟區域確定後察其額征錢糧若干再行規定 |
| 公費 | | | 一六〇· | 以八十元為縣府辦公費八十元為佐理員辦事處辦公 |
| | | | 一、七〇〇· | |

**說明**

查嶺門南豐保亭興隆各黎務局額定月支經費毫銀四百零七元，又瓊崖撫黎專員公署額定月支經費二千一百四十七元，現擬改設三縣，每縣月支經費一千七百元，合計月支經費五千一百元，又樂安黎務局額定月支經費毫銀五百九十六元，合計月支經費四千九百三十五元，另每縣每月撥助建設費五百元，比較原有經費，每月實增一千六百六十五元。

　　海南新置樂東、保亭、白沙三縣乙案，由廣東省駐軍警衛旅旅長，兼瓊崖撫黎專員陳漢光將軍呈請建縣開始，迭經廣東省政府銓字第四一九號訓令，提付第六屆委員會第三八二次會議議決，並由民政廳廳長林翼中提議委任尹耀辰爲樂安縣（因與江西省樂安縣重複，奉准改爲樂東縣名）縣長，洪士祥爲保亭縣縣長，馬憲文爲白沙縣縣長。廣東省政府於民國二十四年（1935）五月八日，以民字第三九〇號任命狀，任命尹耀辰試署樂安縣縣長；以民字第三九一號任命狀，任命洪士祥試署保亭縣縣長；以民字第三九二號任命狀，任命馬憲文試署白沙縣縣長。後民政廳呈：以白沙縣長馬憲文到任以來，一善莫擧，廢弛政務，玩視職守，似應即予撤職，遺缺試以考試及格縣長黃鴻光試署。並經廣東省政府，民國二十五年（1936）四月二十二日，民字第四三二號任命狀，任命黃鴻光試署白沙縣縣長（見民國二十五年四月十四日，第六屆委員會第四八一次會議，討論第四及五兩案）。

　　嗣經廣東省政府，於民國二十四年（1935）十月一日，以銓字第一一一三號，暨同年（1935）十二月十六日，銓字第一四一八號咨請內政部，轉呈行政院。後經行政院，於民國二十五年（1936）一月九日，第五四號指令：「呈件均悉，准予照辦，已轉呈國民政府鑒核備案，並飭局鑄發樂東保亭白沙三縣縣印，……此令」（見內政部民字第二二二號咨）。廣東省政府復於民國二十五年（1936）二月十三日，以銓字第一四〇號訓令：「令知奉准海南增設樂東保亭白沙三縣」。並分令該府所屬各機關知照在案（見廣東省政府公報，民國二十五年二月二十日，第三二二期第一四九至一五二頁）。

　　綜以上敘建縣經過，僅係個人所識，印證史實，分析說明，以供研究參攷，敬請先進賢達指正。今大陸河山變色，海南亦於民國三十九年（1950）五月易幟，現已事物全非，據云海南各縣，多已廢除舊制，而予改變縣名，撫思之餘，眷念難忘。惜「神州未復，同胞待濟，鄉土待建，文教待興。」益感任重道遠，用特誌茲，藉資警惕而示不忘也。唯期早日重建海南，開發南海，堅強南疆，永固國防，指日可待耳。

　　按民國三十九年（1950）五月海南易幟，筆者追隨政府遷臺，於本（六十九）年（1980）五月，已有三十年，謹誌此文為念。

中華民國六十九年（1980）庚申五月三十日
原刊《東方雜誌》復刊十四卷九期

# 四、廣東與海南建省始末

　　廣東省，位在中國南部。於今廣東、廣西，在五代稱為廣南，以其地區在三國（孫吳）和兩晉時代為廣州之地域，居中原之南而得名。北宋初為廣南路，後又分為東、西兩路。宋時，廣南東、西路。明置廣東承宣布政使司，清為廣東省，沿稱至今（賈文毓《中國地名辭源》頁一二八）。於建制言：海南自古以來，就屬於廣東的行政管轄區域。

## （一）廣東行政區劃

　　廣東，俗稱：百粵，亦作：百越，古者江浙閩粵之地也。乃越族所居，謂之百越。諸如：於越在浙江，閩越在福建，揚越在江西，南越在廣西，駱越在安南，皆是焉。

　　禹貢云：荊揚二州之南裔。周為藩服，戰國為百越，亦曰：揚越。秦時號陸梁地，始皇取其地，置南海郡。漢初為南越國，武帝平其地，置南海、蒼梧、合浦、珠崖、儋耳五郡，屬交州刺史司（後省珠崖、儋耳郡）。後漢建安中，徙交州治南海郡。三國‧吳分交州置廣州，尋罷廣州並屬交州，又分置廣州。

　　晉代，仍為廣州及荊湘交三州地。南朝宋初，亦為廣州，後分交廣二郡置越州。齊，因之。梁分湘廣二州置衡州，又分置成州、合州、建州、東揚州。自後州郡滋多，陳因之。

隋，置廣、循二州，又改置爲南海、龍州、義安、高涼、信安、永熙、蒼梧、合浦、珠崖、寧越、熙平等郡。唐代，改諸郡爲州，置嶺南道。又改諸州爲郡，分爲嶺南東道。五代，屬南漢：劉隱建立，都廣州，轄嶺南境地。

宋代，置廣南東路，又分屬廣南西路。元（蒙古族）代，入統中原，又置海北海南道肅政廉訪司，隸湖廣行中書省，分領諸路。明代，置廣東承宣布政使司。清（滿族）代，改爲廣東省。中華民國肇造，沿稱：廣東省。治所在廣州市，舊領六道（今已廢道），八十六縣（臧勵龢《中國古今地名大辭典》頁一一五五‧四有載）。

就廣東行政區劃言之，廣東省舊領九府（今廢）：廣州府、肇慶府、韶州府、惠州府、潮州府、高州府、雷州府、廉州府、瓊州府。於是顯示，瓊州府乃屬廣東九府之一。於今雖然析地分治，建置海南省。惟從地緣上來說，廣東與海南，實有密不可分的關係。

# （二）海南建置沿革

海南，古名：珠崖，又名：瓊臺，或曰：瓊崖，俗稱：瓊州，簡稱：瓊。原爲古儋耳國、亦稱：離耳國，唐虞爲揚越之荒徼，秦爲象郡之外域，漢屬珠崖、儋耳二郡境地。

# （兩漢三國）

緣自漢武帝元封元年（110B.C）辛未，始於其地，開置珠崖（領縣十一）、儋耳（領縣五）二郡，合十六縣，屬交趾刺史部。漢昭帝始元五年（82B.C）己亥，遂罷儋耳併入珠崖郡。至漢元帝初元三年（46B.C）乙亥，又罷珠崖郡置朱盧縣，屬合浦郡爲都尉治，乃隸交趾刺史部。

　　案：漢置珠崖郡，領瞫都、山南、玳瑁、珠崖、紫貝、苟中、顏盧、永豐、順潮、臨振、○○等十一縣。儋耳郡，領儋耳、至來、九龍、樂羅、○○五縣，合十六縣（另二縣名，有待方家查考）。

　　東漢光武帝建武十九年（43）癸卯歲，平交趾，復置珠崖縣，屬合浦郡，仍督於交州。迨漢明帝永平十年（67）丁卯，前儋耳境降附。迄三國時代，海南屬東吳統治，於吳大帝（孫權）赤烏五年（242）壬戌，復置珠崖郡，領徐聞（郡治，非海南境地）、朱盧、珠琯三縣，隸交州。

## （兩晉時代）

　　晉（世祖）武帝（司馬炎）太康元年（280）庚子歲，滅吳，省珠崖置合浦郡，並改朱盧爲玳瑁縣。領縣有五：合浦（郡治）、南平、蕩昌、徐聞（以上非海南境）、珠官、玳瑁（以上屬海南地），仍督於交州。實際所轄乃廉州、欽州、合浦、瓊州全境也。

## （南北朝）

　　南北朝時代，宋文帝元嘉八年（431）辛未，復立珠崖郡

（治所設在徐聞），屬交州。尋又廢珠崖入隸合浦郡，以朱盧、珠官二縣，屬越州。齊，沿宋制。於梁武帝（蕭衍）中大同年間（546）丙寅，就舊儋耳地，置崖州，領朱盧、珠官二縣，統於廣州。陳因梁制，仍屬廣東都督。

# （隋唐兩代）

　隋文帝（楊堅）開皇九年（589）己酉，仍爲崖州。於隋煬帝（楊廣）大業三年（607）丁卯，始改崖州爲珠崖郡（治設義倫），領縣五：義倫（今儋州境）、感恩（今東方市）、顏盧（瓊山縣境，今隸海口市）、毗善（臨高縣境）、吉安（昌江縣境）。又析西南地置臨振郡（治設寧遠），領縣五：延德（清・崖州地）、寧遠（清・崖州地）、隆邁（今澄邁縣）、昌化（今昌江縣）、武德（前文昌及瓊山縣境），屬揚州司隸刺史。

　唐高祖（李淵）武德五年（622）壬午，改珠崖郡爲崖州，領縣四：顏城（隋・顏盧縣地）、隆邁（隋置）、臨機（析富羅縣置）、平昌（隋・武德縣地）。改臨振郡爲振州，領縣四：寧遠（隋置）、延德（隋置）、臨川（新置）、陵水（新置）。並析置儋州，領縣四：義倫（隋置）、昌化（隋・吉安縣併入）、感恩（隋置）、富羅（隋・毗善縣地）。

　唐太宗貞觀元年（627）丁亥，屬嶺南道統轄，並置崖州都督府，以顏城更名舍城縣，平昌更名文昌縣，又析昌化復置吉安縣，析舍城置瓊山縣，析延德置吉陽縣。至貞觀五年（631）辛卯，析文昌置萬安、富雲、博遼三縣，析崖州境地新置瓊州，領縣：瓊山、臨機、萬安、富雲、博遼。崖州領縣：舍城、隆邁、文昌。儋州領縣：義倫、昌化、感恩、富羅、吉安。振州領縣：寧遠、延德、臨川、陵水、吉陽。於貞觀十三年（639）己亥，析瓊山、隆邁，置曾口、顏羅、容瓊三縣，以屬瓊州，以萬安、富雲、博遼三縣，改隸崖州。

唐高宗顯慶五年（660）庚申，析容瓊縣地，新置樂會縣，以屬瓊州。高宗龍朔二年（662）壬戌，析置萬安州，並移崖州之萬安、富羅、博遼三縣，暨振州之陵水縣屬之。於高宗乾封後（667）丁卯，瓊州陷於蠻洞，遂以臨機縣屬崖州。

唐玄宗開元元年（713）癸丑，改臨機爲臨高縣，省廢舍城縣。於玄宗天寶元年（742）壬午，改瓊州爲瓊山郡，儋州爲昌化郡，崖州爲珠崖郡，振州爲延德郡（新置落屯縣屬之）萬安州爲萬安郡。

唐肅宗乾元元年（758）戊戌，復改郡爲州，廢棄儋州屬吉安縣，新置洛場縣屬儋州。

唐德宗貞元五年（789）己巳，嶺南節度使李復剋復瓊州，奏置瓊州都督府。在德宗貞元七年（791）辛未，省瓊州屬容瓊縣。

唐懿宗咸通三年（862）壬午，瓊境五州：瓊州（都督府）領縣四：瓊山、曾口、顏羅、樂會，崖州領縣三：臨高、澄邁、文昌，儋州領縣五：洛場、義倫、昌化、感恩、富羅，振州領縣五：落屯、寧遠、延德、臨川、吉陽，萬安州領縣四：萬安、富雲、博遼、陵水，屬嶺南西道。迨懿宗咸通五年（864）甲申，在舊瓊山縣南境黎峒（今定安縣西南峒），置忠州，尋廢。

# （五代十國）

五代十國時期，屬南漢（劉隱立，都廣州，轄嶺南），對海南之州縣建置，初沿唐制。於乾和十五年（957）丁巳，廢罷瓊州之曾口、顏羅二縣，儋州之富羅縣，振州之延德、臨川、落屯三縣，萬安州之富雲、博遼二縣（計廢罷八縣，留有十四縣）。

> 案：瓊州領縣二：瓊山、樂會。崖州領縣四：舍城、澄邁、文昌、臨高。儋州領縣四：義倫、昌化、感恩、洛場。萬安州領縣二：萬安、陵水。振州領縣二：寧遠、吉陽。

# （兩宋元代）

宋太祖（趙匡胤）開寶五年（972）壬申，廢崖州，以其舊地併入瓊州，改振州為崖州，並廢儋州之洛場縣，其境地撥入昌化縣，復置舍城縣。其瓊州領縣六：瓊山、澄邁、文昌、舍城、臨高、樂會，儋州領縣三：義倫、昌化、感恩，崖州領縣二：寧遠、吉陽，萬安州領縣二：萬寧、陵水，屬廣南西路。

宋太宗（趙匡義，後改：光義）太平興國元年（976）丙子，改義倫為宜倫縣。於至道三年（997）丁酉，屬廣南西路。

宋神宗（趙頊）熙寧四年（1071）辛亥，省廢舍城併入瓊山縣。於熙寧六年（1073）癸丑，置瓊管安撫司。廢吉陽縣爲藤橋鎮，寧遠縣爲臨川鎮，仍屬廣南西路。

　　宋徽宗（趙佶）崇寧五年（1106）丙戌，復置延德縣，屬珠崖軍。次年改元大觀元年（1107）丁亥，置鎮州於黎母山峒，以爲靖海軍節度，並置鎮寧縣，又升延德縣爲延德軍，增設通遠縣。於政和元年（1111）辛卯，廢鎮州，罷節度，以其境地併屬瓊州，並廢延德軍，其境地入感恩縣，隸昌化軍。改通遠縣爲通遠鎮，後改爲通遠砦，隸珠崖軍。政和七年（1117）丁酉，改珠崖軍爲吉陽軍。宣和五年（1123）癸卯，改爲瓊管安撫都監，屬廣南西路。

　　南宋高宗（趙構）紹興六年（1136）丙辰，廢昌化、萬安、吉陽三軍。復置寧遠縣，以屬瓊管安撫都監統領。於紹興十三年（1143）癸亥，復置萬安軍（領縣二：萬安、陵水）、吉陽軍（領縣二：吉陽、寧遠）。次年（1144）甲子歲，復置昌化軍（領縣三：宜倫、昌化、感恩）。

　　迄宋理宗（趙昀，初名：趙貴誠）端平二年（1235）乙未，昌化軍改名：南寧軍。仍隸瓊管安撫都監，屬廣南西路。

　　元世祖（忽必烈）滅宋，統治中原。於至元十五年（1278）戊寅，始渡海入瓊，其軍縣建置多沿仿宋制。改瓊管爲瓊州路安撫司，屬湖廣行中書省。至元十七年（1280）庚辰，又置海北海南道宣慰司（介於省與路間承轉機構，係擇遠距京都或省治之地而設），司治在雷州，領瓊州路。至元二十八年（1291）辛卯，改爲瓊州路軍民安撫司。增置會同縣（析樂會縣地立）、定安縣（析瓊山、澄邁二縣部份境地立）。又廢吉陽縣，其萬安、吉陽（領寧遠一縣）、南寧三軍，仍沿宋制。

元明宗（和世瓎，武宗長子）天曆二年（1329）己巳，改瓊州路爲乾寧軍民安撫司，並升定安縣爲南建州。

元順帝（亦稱：庚申帝，明宗長子，名：妥歡帖）至正末年（1367）丁未，改隸廣西行中書省。

# （明清兩代）

明太祖（朱元璋）洪武元年（1368）戊申，改元置瓊州路爲瓊州，南寧軍爲儋州，萬安軍爲萬州，吉陽軍爲崖州，廢南建州復名定安縣爲瓊州轄地，隸於海北海南道宣慰司，仍屬廣西行中書省。於洪武三年（1370）庚戌，廣東衛指揮僉事孫安奏請，陞瓊州爲府，以儋、萬、崖爲屬州，仍各領縣。洪武九年（1376）丙辰，棄廣西行中書省，改屬廣東承宣布政使司，並析海北海南道宣慰司，置海南道，治設瓊州。瓊州府領縣七：瓊山、澄邁、臨高、定安、文昌、樂會、會同，儋州領縣二：宜倫、昌化，萬州領縣二：萬寧、陵水，崖州領縣二：寧遠、感恩。

明英宗（朱祁鎮，宣宗長子）正統四年（1439）己未，以儋州治宜倫縣省入儋州（僅存昌化縣）、萬州治萬寧縣省入萬州（僅留陵水縣）、崖州治寧遠縣省入崖州（僅留感恩縣）。其瓊州府領三州十縣，隸於海南道，屬廣東承宣布政使司。

清世祖（福臨，太宗九子）順治九年（1652）壬辰歲八月，清兵渡海入瓊，建置因襲明制，在府外設按察司副使兼提學，隸於廣東。

清聖祖（玄燁，世祖三子）康熙十三年（1674）甲寅，改設分巡雷瓊道。於康熙四十五年（1706）丙戌，裁提學。

清世宗（胤禛，聖祖四子）雍正八年（1730）庚戌，改爲分巡海南道加兵備銜，隸於廣東。

清高宗（弘曆，世宗四子）乾隆四年（1739）己未，改名分巡雷瓊兵備道（俗稱：雷瓊道）。

清德宗（戴湉）光緒三十一年（1905）乙巳，改置瓊崖道（雷瓊兵備道）。瓊州府領一州七縣，升崖州爲直隸州領四縣，並降萬州爲萬縣屬之，仍隸於廣東省。

## （中華民國）

民國肇立，廢州爲縣，改萬州復名萬縣，儋州名爲儋縣，崖州名稱崖縣，其瓊崖道依舊，領十三縣，屬廣東省都督府。

民國三年（1914）甲寅歲一月，以會同縣與湖南省會同縣名重複，改稱瓊東縣。昌化縣與浙江省昌化縣名相同，改名昌江縣。萬縣與四川省萬縣雷同，更名萬寧縣。

民國十年（1921）辛酉，廢棄道制，改名：瓊崖區。於民國十一年（1922）至三十四年（1945）間，建置變更頻仍，諸如：瓊崖善後處（民國十一年置）、瓊崖行政委員會（民國十五年置）、廣東南區（瓊崖區）善後公署（民國十七年置）、瓊崖綏靖公署（民國二十二年置）、廣東第九區（瓊崖）行政督察專員公署（民國二十五年設）、廣東省政府主席駐瓊崖辦公室（民國三十四年設置），是皆隸於廣東省政府，治設廣州市。

　　然在民國二十四年（1935）乙亥歲，廣東省政府，據駐軍警衛旅旅長，兼瓊崖撫黎專員陳漢光將軍建議，就其瓊山、定安、樂會、萬寧、陵水、儋縣、昌江、感恩、崖縣等九縣境內黎區，劃出七十二峒，分置樂東、保亭、白沙三縣。於是瓊崖區領縣，增為十六縣，仍屬廣東省政府。

## （中華人民共和國）

　　民國三十八年（1949）己丑歲十月一日，中華人民共和國成立。次年（1950）庚寅歲四月，海南易幟，中共以海南特別行政區（原隸中央行政院），改置海南行政區，回屬於廣東省人民政府（行政管轄區域）。

## （三）海南建省始末

　　海南建省之議，來由有自，然因種種因素，終而未能達成，殊感憾惜矣。

　　十八世紀八〇年代，法國全力推行對外擴張政策，意圖併吞越南屬地，曾多次侵犯中國領海，引發中法戰爭，我軍雖獲大勝，然滿清政府無能，竟與法方簽訂不平等條約，割地賠款，在國際上貽笑大方。

　　清光緒初年，法艦「薩尼號」，竟然侵入海口水域，戰火迫在眉睫。其時文昌舉人潘存（鋪前人），向兩廣總督張之洞呈交《瓊崖建省理由與建設方案》，提示海南建省重要性與可行性（馮仁鴻〈海南百年建省史話〉有載）。

　　清德宗光緒十三年（1887）丁亥，張之洞親臨海南視察形勢，加強部署防衛設施。並與岑春煊提議，以海南改設行省。然朝官大臣反應冷淡無力，未被清廷重視採行，致錯失良機，誠屬憾惜，是爲海南建省之肇始也。

　　清宣統三年（1911），辛亥革命之後，孫文（中山、逸仙）博士，從歷史及國勢的觀點，曾多次提議，以海南改設行省。於民國元年（1912）壬子歲九月十一日，孫中山先生入京，旅京廣東同鄉：梁士詒等三十餘人，集會歡迎，國會議員陳發檀（瓊山人）獻議：我國有二大島，一是臺灣，一是瓊州，臺灣已被日本割據，惟餘瓊州，萬一再爲法國佔領，則國勢危矣。欲保瓊州，非將瓊州改設行省不可，其改省理由，在建設榆林軍港，啓發天然物資，暨移八府之民，以實邊防。惟是事體重大，經費至鉅，非中央政府扶助，或舉借外債，不易措辦，望先生有以成之。

　　梁士詒繼言：廣東僻處一隅，去中原頗遠，且山多田少，民食不足自給。從前粵人爭往外洋謀食，近因各國禁阻華工，粵華僑恐無立足地。近雖有殖民於東三省或蒙古之說，然其地苦寒，與粵人體質不相宜。瓊本廣東九府之一，粵人移此，必能相合。然非改爲省，而請中央政府協濟，則此事原不易言，昨與孫先生談及此事，今日又得瓊州陳君爲之明言，諸君如以爲然，則請研究此問題可也。

　　孫先生深韙發檀之議，對眾重申之曰：瓊州孤懸海外，當民國之最南，其海峽之最狹處，距內地口岸，只有八十里，萬一不能關照，失去瓊州，則高、廉、雷等府，及廣西太平等地，大有危險，今爲鞏固邊防計，宜將瓊州改設行省。……

陳君議保瓊州，瓊全則粵全，誠急務也。

孫中山先生，在廣東旅京同鄉會，縷析瓊州宜改設行省之五大理由（詳見《惠吾文集》頁三二三～三二六）云：

其一：鞏固海防，瓊州宜改設行省也。……若置而不顧，甚非國家永久之大計，鞏固邊防之政策也。

其二：啓發天然富源，瓊州宜改設行省也。……今民國成立，振興實業，誠爲急務，倘不改爲行省，則實業之發達無由也。

其三：文化政策，瓊州宜改設行省也。……且瓊州居民，普通教育，尚未普及，又附於一府，故大學及諸高等學校，不能設備，以海防要地，而人才不足以副之，甚非保衛之良策也。

其四：國內移民殖民政策，瓊州宜改設行省也。……夫我有地利，而不自啓發，流居異域，使外人牛馬視之，而奴隸賤之，甚非得策也。

其五：行政之便宜上，瓊州宜改設行省也。……該島風俗、言語、習慣與廣州異，以語言、風俗、習慣不同之人民合爲一省，行政區劃之分配，其不得當，不便二也。

孫中山先生又說：臺灣一島，其幅員與瓊州相等，自日本經營之後，每年歲入千萬。倘瓊州改爲行省，數年經營之後，其收入必有可觀無庸疑也。且歐美諸小國，其面積不如瓊州之廣，人口不如瓊州之多，尚自立爲一國。以數百萬之住民，十萬方里之土地，而不能劃爲一省，直隸中央者，斷無是理，是第一之駁議，不足信也。

孫中山先生，最後懇切地說：「乞諸位先生，贊成瓊州改行省，瓊州幸甚，民國幸甚！」並由孫文（領銜）、梁士詒、陳發檀、林格蘭等三十六人，簽署發佈。是舉深獲海南旅外同鄉熱烈支持，並成立海南建省促進會，咨請國會將該案列入議程。未幾，宋教仁被刺，陳發檀等人南歸，其議遂寢，痛失良機，是爲憾事矣。

民國十年（1921）辛酉歲五月五日，孫中山先生在廣東就任非常大總統，國會眾議員王斧軍、陳策、省議員林超南等瓊籍知名人士，發起設立瓊崖建省籌備會，聘胡漢民、廖仲愷、吳鐵城諸人爲顧問，並奉孫先生指示：「可名爲廣南省」。後因陳炯明叛變，粵局紊亂，復告中止。

國民政府鑒於海南地位重要，國防及經濟價值，爲建設瓊崖，開發南疆，鞏固國防。同時廣東一省，土地廣袤，幅員遼闊，係中國沿海諸省最廣省份，實有析省分治必要。乃由胡漢民、孫科等先賢提議，請設瓊崖特別區。民國二十年（1931）辛未歲十二月七日，國民政府國務會議決議：劃廣東省瓊崖全屬爲特別行政區，直隸國民政府，設行政長官，並任命伍朝樞爲行政長官（見國民政府第四六一號訓令，刊於民國二十一年一月十日，廣東省政府公報第一七六期）。

民國二十一年（1932）三月一日，伍朝樞氏就任瓊崖特別行政區行政長官，同歲（1932）壬申四月十六日，在海口市可園設立瓊崖特別行政區長官公署臨時辦事處，以瓊崖原有十三縣及西沙（含附近群島）爲管轄範圍（見廣東省政府公報，民國二十一年四月十日第一八三期，暨同年四月二十日第一八五期），惜因國內政局突變，影響所及，對進行改建行省事宜，未能實施，誠屬憾事。

民國二十五年（1936）至三十四年（1945）間，瓊籍人士陳策、王俊、鄭介民、韓漢英、蔡勁軍、黃珍吾、吳迺憲、龔少俠、梁大鵬、王毅、吉章簡、許業濃、黎鐵漢、郭繼川等，曾先後在南京及陪都重慶，籲請中央，並請示同鄉宋子文先生（時任行政院長），將如何進行改海南爲省，以鞏固南疆國防（見陳劍流、冼榮昌《海南簡史》頁六四，附錄：倡議海南改省問題之考據六）。

　　民國三十六年（1947）三月二十四日，國民黨在南京召開三中全會，中委陳策重提海南改省舊案，獲得通過。同歲（1947）丁亥八月，行政院院務會議通過，以瓊崖改爲海南特別行政區，直隸行政院。民國三十七年（1948）行政院命令公佈。三十八年（1949）四月正式成立行政長官公署，派陳濟棠（伯南）將軍爲行政長官。同年（1949）六月六日，由總統明令公佈，建海南省，並准在海口成立建省籌備委員會，以籌謀進行改省事宜。而建省籌備委員，計有：陳濟棠、吳道南、韓漢英、葉劍雄、陳繼烈、曾祥鶴、江茂森、雲振中……等（見陳劍流、冼榮昌《海南簡史》頁六四，附錄：倡議海南改省問題之考據七）。其行政轄區爲瓊山、澄邁、臨高、定安、文昌、瓊東、樂會、萬寧、陵水、儋縣、昌江、感恩、崖縣、樂東、保亭、白沙等縣暨海口市，以及東沙、西沙、中沙、南沙（又稱：團沙，日稱：新南群島）諸群島，共計十六縣一市，四個管理局。

　　民國三十九年（1950）四月，海南易幟，政府遷臺，建省籌備工作頓停。中共並改海南特別行政區爲海南行政區，復隸廣東省人民政府。據廣東省博物館藏「瓊崖省人民政府印」方形銅質大印章乙枚，印背鑄有「一九四九年十二月○

○日」字樣，是說明中華人民共和國成立伊始，中共中央似有以海南改置行省設想，然未知何故亦未實施耶。

迨一九八八年四月十三日，中共終於宣佈海南建省，成為中國第五個經濟特區，並設置各專業開發區。其行政區劃名稱：瓊山、文昌、定安、瓊海、萬寧、澄邁、臨高、儋縣、屯昌、瓊中、陵水、樂東、保亭、白沙、昌江、東方等十六縣，暨海口、三亞、通什三市，以及西沙、中沙、南沙群島辦事處，直隸中央國務院。

綜窺海南建省進程，緣自清光緒初年，郡人潘存（文昌舉人）向兩廣總督張之洞呈交《瓊崖建省理由與建設方案》肇始，迨一九八八年四月十三日，海南正式宣佈建省為止，費時約有一百十餘載。其過程坎坷而艱辛，惟諸先賢堅毅意志，暨自勵精神，實令後輩殊感敬佩！

海南位廣東省極南端，乃粵省南部之咽喉，亦係歐亞航路必經的孔道，更可控制南洋之門戶也。尤以榆林港為天然的海軍根據地，廣袤能容納巨艦，既可監控金蘭灣，更與太平洋形成犄角之勢，以鞏固邊防，保障南疆也。

從行政建制窺之，瓊崖（今稱：海南）自古以來，就是廣東之行政區域，乃廣東省九府（廣州府、肇慶府、韶州府、惠州府、潮州府、高州府、雷州府、廉州府、瓊州府）之一，具有臍帶的密切關係。

就地緣關係來說，海南雖自廣東析省分治，惟在地緣政治上，具有密不可分的關係。無論是從軍事（邊防）、交通、經濟、教育言之，皆具有「脣齒相依」的關聯性。於是顯見，海南與廣東在地緣上之緊密關係也。

# 參考文獻

《二十四史》　　　司馬遷等撰

　　民國七十年（1981）代　臺北市：鼎文書局　新校本

《海南簡史：海南歷代行政區劃考》　　陳劍流

　　民國五十六年（1967）十一月　臺北市：德明出版社

《道光　廣東通志》　　清・阮　元修

　　民國五十七年（1968）十月　臺北市：華文書局

　影印本　第三冊

《道光　瓊州府志》　　清・明　誼修　張岳崧纂

　　民國五十六年（1967）十二月　臺北市：成文出版社

　影印本

《海南島史》　　日・小葉田淳著　　張迅齊譯

　　民國六十八年（1979）四月　臺北市：學海出版社

中華民國九十九年（2010）庚寅歲二月二十八日

臺北市：海南文獻史料研究室

原刊《廣東同鄉會六十週年紀念特刊》

# 卷之二　州、自治州

　　州爲行政區劃（機制），始於西漢，東漢末之後，始成
爲郡以上，一級行政機制。…明清時期，大州與府平級，小
州與縣平級。屬府轄管者爲散州，直屬行省的州稱直隸州，
其行政長官爲知州。海南有瓊州（府），亦有儋州、萬州（散
州），崖州直隸州，於今大都改稱爲市。

　　海南黎族、苗族自治州（1952.4～1987.12），治設通什
鎮（市），今名：五指山市（省直轄縣級市）。原轄：東方、
樂東、崖縣（今名：三亞市）、陵水、保亭、瓊中、白沙、
昌江等八縣。除東方、崖縣，改爲市外，其餘昌江、白沙、
陵水、樂東爲黎族自治縣，瓊中、保亭爲黎族、苗族自治縣。

# 一、儋州建置沿革

　　儋縣古名儋州，在海南十六縣中，雖僻處海陬，惟歷史最爲悠久。於唐虞三代乃揚越荒徼，秦末爲南越（象郡）外域，漢屬儋耳郡（治設儋州）地。

　　緣自漢武帝元封元年（110B.C）歲次辛未，伏波將軍路博德平定南越，始置儋耳、珠崖二郡，屬交趾刺史。於昭帝始元五年（82B.C），遂罷儋耳郡併入珠崖郡，乃屬交趾刺史部。漢元帝初元三年（46B.C）罷珠崖郡置朱盧縣，屬合浦郡。

　　至南朝梁武帝中大同年間（546），置崖州（治設古儋耳）統珠崖郡，領朱盧及珠官兩縣。隋煬帝大業三年（607），復設珠崖郡置義倫縣（郡治，今儋州市境），屬揚州司隸刺史。

　　迨唐高祖武德五年（622）改郡爲州，並析臨振郡，分置振州及儋州（治設義倫縣，即今儋州市境），屬嶺南道。於唐玄宗天寶五年（746），以儋州改名昌化郡，乃屬嶺南道。肅宗乾元元年（758），復改郡爲州，新置洛場縣屬儋州。懿宗咸通三年（862）壬午，儋州領義倫（今儋州市境）、昌化、感恩、洛場（又名洛陽）、富羅五縣，改屬嶺南西路。

　　迄五代，儋州屬南漢（劉隱創建，都廣州，轄嶺南），仍沿襲唐制。於乾和十五年（957）丁巳，廢富羅縣，以其縣地，併入義倫縣（即今儋州市境）。

　　宋太祖開寶五年（972）壬申，廢罷洛場縣，其境地併入昌化縣，屬儋州，於太宗太平興國初年（976）丙子，義倫更名宜倫縣。宋神宗熙寧六年（1073）癸丑，以儋州改為昌化軍，並領宜倫、昌化、感恩三縣，以隸瓊管安撫司，屬廣南西路。至南宋高宗紹興六年（1136）丙辰，廢昌化軍以屬瓊管安撫都監。於紹興十四年（1144）甲子，復置昌化軍，以屬縣還隸。在理宗端平二年（1235）乙未，昌化軍更名為南寧軍。

元世祖（忽必烈、蒙古族）滅宋，於至元十七年（1280）庚辰，置海北海南道宣慰司，統南寧軍，屬湖廣行中書省。元明宗天曆二年（1329）己巳，改瓊州路為乾寧軍民安撫司。順帝元統二年（1334）甲戌，改乾寧安撫司，至正末年（1367）丁未，改隸廣西行中書省。

明太祖洪武元年（1368）戊申，改南寧軍為儋州，於次年（1369）屬瓊州府。英宗正統四年（1439）以儋州治之宜倫縣，併入儋州，僅領昌化一縣，仍隸瓊州府，初屬廣西行中書省，後改廣東承宣布政使司。

清世祖順治九年（1652）八月，清兵渡瓊，建置沿襲明制。於德宗光緒三十一年（1905）乙巳，改置瓊崖道，瓊州府領儋州（散州）及七縣，屬廣東。

中華民國肇立，廢州為縣，乃稱為儋縣。今名：儋州市（縣級），隸海南省。

# 二、萬州建置沿革

萬寧縣，原名萬州，又名萬安縣，亦稱萬縣。在唐虞三代乃揚越荒徼，秦末爲南越（象郡）外域，漢屬珠崖郡地。

自漢元帝初元三年（乙亥），至三國、兩晉、南北朝（宋、齊、梁、陳）等數代（46B.C～588），其間六百二十四年，各郡縣幾皆罷廢，海南境地僅置朱盧、珠官二縣，附屬於合浦郡而已。

迨隋煬帝大業三年（607）丁卯，始在海南境內，復置珠崖郡，並析西南地置臨振郡（治設寧遠），領延德、寧遠、隆邁、昌化、武德（今萬寧市境地）五縣，屬揚州司隸刺史。

唐高祖武德五年（622）壬午，改武德爲平昌縣。於唐太宗貞觀元年（627）丁亥，以平昌縣更名文昌縣，貞觀五年（631）析文昌縣地，分置萬安（尋爲州治）、富雲、博遼三縣（皆今萬寧市地），屬瓊州（析崖州地新置）治。在唐高宗龍朔二年（662）增置萬安州，領萬安、富雲、博遼、陵水四縣。唐玄宗開元九年（721）萬安州治徙置陵水，於天寶五年（746）改萬安州稱萬安郡，屬嶺南道。唐肅宗至德二年（757）丁酉，萬安郡及萬安縣，更名萬全，尋於乾元元年（758）戊戌，復名爲萬安。

五代屬南漢（劉隱創建、都廣州、轄嶺南），於乾和十五年（957）丁巳，廢富雲、博遼二縣，以其部份境地，併入萬安（更名萬寧縣）、陵水二縣。

　　迄宋神宗熙寧六年（1073）癸丑，改萬安州稱萬安軍，並置瓊管安撫司，屬廣南西路。至南宋高宗紹興六年（1136）廢萬安軍，其萬寧縣歸瓊管安撫都監統領，仍屬廣南西路。於紹興十三年（1143）復置萬安軍，並將萬寧縣（南漢更名）復名萬安縣。

　　元世祖至元十五年（1278）戊寅，改瓊管安撫都監爲瓊州路安撫司，屬湖廣行中書省，於至元十七年（1280）置海北海南道宣慰司。元明宗天曆二年（1329）己巳，改瓊州路爲乾寧軍民安撫司。元順帝元統二年（1334）改爲乾寧安撫司，於順帝至正末年（1367）丁未，改屬廣西行中書省。

　　明太祖洪武元年（1368）戊申，改萬安軍爲萬州，仍屬廣西行中書省、海北海南道宣慰司，洪武三年（1370）奏升瓊州爲府，至洪武九年（1376）改屬廣東承宣布政使司，並析置海南道（治設瓊州）。於明英宗正統五年（1440）庚申，再以萬州治之萬寧縣入萬州。

　　清世祖順治九年（1652）八月，清兵渡瓊，其建置因襲明制，於府外設按察司副使兼提學。於清德宗光緒三十一年（1905）四月，改置瓊崖道，升崖州爲直隸州（領四縣），降萬州爲萬縣，屬崖州。

　　中華民國肇造，以其縣名與四川省萬縣重複，於民國三年（1914）一月，復改稱爲萬寧縣，屬瓊崖道，隸於廣東省都督府。民國三十九年（1950）五月，海南易幟，政制更迭，於今改名：萬寧市，隸海南省。

# 三、崖州建置沿革

　　崖縣原稱崖州，乃瓊州南部政治、經濟之中心與交通之樞紐。在歷史上，唐虞屬南交，三代爲揚越南裔，秦爲象郡之外徼，漢爲珠崖郡地。今名：三亞市，隸海南省。

　　漢武帝元封元年（110B.C）歲次辛未，始置儋耳、珠崖二郡，屬交州。於昭帝始元五年（82B.C.）己亥，遂罷儋耳併入珠崖郡。元帝初元三年（42B.C.）己卯，廢罷珠崖郡，僅置朱盧縣，仍屬交州。至東漢（史稱後漢）光武帝建武十九年（43）癸卯，設置珠崖縣，屬合浦郡，督於交州。三國吳侯孫權，於赤烏五年（242）壬戌，復置珠崖郡，屬交州。

　　晉武帝太康元年（280）庚子，省珠崖隸於合浦郡，仍屬交州。於南朝宋文帝元嘉八年（431）辛未，復置珠崖郡，尋省入合浦郡，屬越州，齊因之。梁武帝中大同年間（546）丙寅，置崖州（州治古儋耳地）屬揚州，陳沿襲梁制。隋煬帝大業三年（607）丁卯，復置珠崖郡，屬揚洲司隸刺史。大業六年（610）析西南地置臨振郡，領五縣，其延德、寧遠二縣（就今三亞市境地）。

　　唐高祖武德五年（622）壬午，改臨振郡爲振州，增置臨川縣。太宗貞觀二年（627）丁亥，析延德置吉陽縣。玄宗天寶元年（742）壬午，以振州改名延德郡，增置落屯縣，至德元年（756）改寧遠郡。於肅宗乾元元年（758）戊戌，復改振州，領寧遠、延德、臨川、吉陽、落屯五縣，屬嶺南道。

懿宗咸通三年（862）壬午，改屬嶺南西道。迨五代屬南漢（劉隱建、都廣州、轄嶺南），仍襲唐制。於乾和十五年（957）丁巳，廢省延德、臨川、落屯三縣，以其部份境地，併入寧遠、吉陽二縣。

宋太宗開寶五年（972）壬申，改振州爲崖州，隸瓊州。於太宗至道三年（997）丁酉，屬廣南西道。至神宗熙寧六年（1073）癸丑，以崖州改珠崖軍，廢吉陽縣爲籐橋鎮，寧遠縣爲臨川鎮。徽宗崇寧五年（1106）丙戌，復置延德縣。大觀元年（1107）丁亥，置鎮州及鎮寧縣，升延德縣爲延德軍，分置通遠縣爲軍治。政和元年（1111）廢延德軍，入感恩縣，改通遠縣爲鎮，於政和七年（1117）改朱崖軍爲吉陽軍。迨南宋高宗紹興六年（1136）丙辰，廢吉陽軍，復置吉陽、寧遠二縣。紹興十三年（1143）復置吉陽軍，二縣仍屬其隸。

元初吉陽軍，屬海北海南道。元世祖至元十五年（1278）戊寅，屬瓊州路，隸湖廣行中書省。於至元二十八年（1291）廢吉陽縣，僅存寧遠縣。迄順帝至正末年（1367）丁未，改隸海北海南道宣慰司，屬廣西行中書省。

明太祖洪武元年（1368）戊申，改吉陽軍爲崖州，領寧遠縣，屬瓊州府，隸廣西行中書省，洪武三年（1370）改隸廣東承宣布政使司。明英宗正統四年（1439）省寧遠縣（崖州治）入崖州，於正統五年（1440）以感恩縣，改隸崖州。

清因明制，於德宗光緒三十一年（1905）四月，岑春煊奏升崖州爲直隸州，領萬縣、陵水、昌化、感恩四縣，屬瓊崖道。

中華民國肇造，於民國元年（1912）改稱崖縣。迨民國三十九年（1950）五月，海南易幟。於一九八四年五月撤銷崖縣，成立三亞市，以原崖縣地爲行政區域。

# 四、海南黎族、苗族自治州

海南，古名：珠崖、儋耳，又名：瓊臺，或曰：瓊崖，俗稱：瓊州，簡稱：瓊。原爲古緩耳或儋耳國，唐虞三代爲楊越之荒徼，秦爲象郡之外域，漢屬珠崖、儋耳郡境地。

緣自遠古時期肇始，於新石器時代中期，距今約三千多年前，黎族先民就已遷入海南定居生息，是母系氏族的群聚原始生活。於西元前一百十年（110B.C），伏波將軍平定南越，始於海南置郡設縣，中央政權直接統治，正式列入中國版圖耶。

## （一）黎苗回族源流

海南族群，於漢族外，最早原住民族：黎族，續有苗族與回族，近數十年來，在自治州境內，相繼自內陸移住者，尚有壯族、瑤族、京族、滿族、侗族等少數民族。

黎族，其族源久遠，是中國具有悠久歷史的少數民族之一。自古以來，黎族先民亦就世代聚居在海南各地。於是顯示，黎族是海南最早居民。於黎民來說，亦大都是以土著自居，稱島上其他民族爲"美"（Moi），亦就是"客人"的意思。

　　依據歷代文獻記載，於海南漢族外之原住民族，素有許多不同的稱謂，諸如：西漢時稱：駱越（東漢・班固《漢書》賈捐之傳），東漢（亦作：後漢）時稱：里、蠻（南朝宋・范曄《後漢書》南蠻傳），隋代則係：俚、僚並稱（唐・魏徵《隋書》譙國夫人傳）。唯非專指黎族而言，乃係當時對南方一些少數民族之泛稱耶。

　　然"黎"之族稱，最早見於史書，係在唐代後期。誠如：

　　唐德宗年間（779.5～805.1），時珠崖黎民三世保險不賓，遣嶺南節度使杜佑討平之（北宋・歐陽修、宋祁《新唐書》杜佑傳）。

　　唐昭宗時（888.3～904.8），廣州司馬劉恂，曾在所著《嶺表錄異》中，亦有「儋（州）、振（州）夷黎，海畔采（紫貝）以爲貨。」之紀載焉。

　　黎之族稱，在宋代（十一世紀）之後，並普遍以"黎"代替"俚"、"僚"，作爲"黎族"之專用名稱，一直固定沿用至今。諸如：

　　北宋・樂史《太平寰宇記》（卷一六九・嶺南道十三・儋州）云：俗呼山嶺爲黎，人居其間，號曰生黎。……

　　宋・范成大《桂海虞衡志》云：島（瓊州）之中有黎母山，諸蠻環居四旁，號黎人。……

　　此外，周去非《嶺外代答》、趙汝适《諸蕃志》等…，皆有用"黎"之名稱。於蘇軾（東坡），暨子蘇過，貶謫儋州時，與儋士黎子雲兄弟，相交親密，居儋四載，所著詩文，美不勝收，而與"黎"相關者，亦不勝枚舉（蘇軾《居儋錄》詳載）矣。

　　迨明代後期，則開始認知“黎”者，係從古代的“俚”音，轉化而來。顧炎武《天下郡國利病書》（卷一〇四・廣東八）云：「按“俚”訛爲“黎”，聲之轉也，久矣。」於清代，李調元《南越筆記》，暨檀萃《說蠻》，亦持相同的認知與觀點。

　　清・阮元《道光　廣東通志》（卷三三〇・列傳・俚戶）云：「俗呼山嶺爲黎，而俚居其間，於是訛俚爲黎。」由於黎族在東漢時稱爲俚人，是以俚與黎之兩種觀點，便自然地而融化結合矣。

　　近代語言學家，對黎族名稱，亦作深入調查分析，於黎族內部分布的不同聚落、方言、服飾之差異，致形成不同的方言區，而有各自不同的稱謂。諸如：侾（ha）、杞或岐（gei）、美孚（moifau）、潤（漢稱本地黎）、賽（ȝai）等五種稱呼。唯黎族在與漢人，或其他民族交往時，大都普遍自稱：賽。歐陽覺亞於〈黎族名稱由來小議〉中，認爲黎族名稱的演變，可能與黎族的自稱：賽，於不同時代裡，其讀音發生變化有關係。隋代以前可能音似“俚”，至中古時期音近“黎”。俚之所以訛爲黎，是中古時代，人群根據當時黎族自稱的實際讀音，而對“俚”字之改正。於是顯見，“俚”與“黎”大都是黎族自稱的音譯。

　　近數十年來，中外學者專家，從語言學、民族學與人類學的層面及角度，就黎族的族源之研究成果，提出兩種不同理念與看法。

　　黎族是海南的最早居民，亦係最原始的民族。從海南歷史窺之，黎族之族源，當在原始社會的新石器時代中期，距今約有三千年之久矣。是說認爲：黎族與南方操漢藏語系壯侗語族諸語言之壯、侗、水、傣、布依等民族，有其密切的淵源關係，是從古代“百越”族發展而來，特別是與“百越”中一支“駱越”有較密切關係。於西漢時期，海南的原住居民，被稱爲“駱越之人”。

黎族的遠古先祖，大約在新石器時代中期，相當於中原之殷周年代，從兩廣沿海地區，相續自內陸遷入海南，居住在島上沿海各地，是母系氏族的群聚原始生活。後因漢族陸續移民，暨歷代皇朝征剿，致使大部分黎民，先後移（退）居島內深山地區。

黎族的族源，另一說認爲：黎族來源於南洋，係指包括印度尼西亞（俗稱：印尼）在內之東南亞地區的一些古代民族。學者從黎族三○三個人體測量資料分析中，認爲一部分黎族在血統上與正馬來族（亦稱：印度尼西亞族）有密切關係，同時更雜有不少數南洋群島各民族成分，提出黎族來源的多源說，並推斷黎族中一部分，是在原始社會時期，從海道進入海南，而與南洋群島諸民族，具有明顯的關係。

德·史徒博（Stubel,H.）在《海南島民族誌》中，認爲：黎族的物質文化和精神文化，與印度尼西亞的古代馬來民族，印度支那大陸各民族，更有顯著的類似，是經幾次的民族遷徙浪潮，從南方進入海南。

劉咸於〈海南島黎族起源之初步探討〉文中，說從黎族的文身、婦女裝飾、口琴、織繡物品諸方面，所表現的特點。認爲黎族的文化系統，屬於“太平洋四個文化區中的印度尼西亞區”，“與南洋群島各民族所有者大同小異”，從而推斷黎族源出於南洋各民族。

綜窺文獻記載，漢武帝元封元年（110B.C）歲次辛未，略地始建珠崖，儋耳郡，其地有黎母山，諸蠻環居其下（賈棠《康熙　州府志》海黎志）。

黎分生熟，生黎居深山，性獷悍，不服王化，不供賦役，足跡不履民地，惟與其類，自相讐鬭。有患及居民者，以熟黎爲之援也。……生黎中，有附居五指山側者，一種名曰：生歧，或尤勇鷙，即生黎亦不相往來，與猿猴麋鹿無異焉（蕭應植《乾隆　瓊州府志》海黎志・黎岐）。

## （苗　族）

苗族，其族先祖遷移海南，有史籍文獻稽考者，緣自明代萬曆年間肇始，距今約有四百多年的歷史。①

注①明神宗顯皇帝（朱翊鈞），年號：萬曆
（1572.5～1620.7），在位計四十七年。

據苗族的歌謠傳說，大都說是從廣西陸續遷來者。亦有苗族老人（長者）說，其祖先是從雲南、貴州遷來。唯據地方史志記載，海南的苗族，係明代末期，從廣西作爲兵士，被朝廷徵調而來，爾後落籍海南，古代稱作“苗黎”是也。誠如：

周文海《民國　感恩縣志》（卷之十三・黎防志）載：…又有一種苗黎，凡數百家，今加蕃盛散居，縣境有之……蓋前明時，剿平羅活、抱由二峒，建樂安營，調廣西苗兵防守，號爲藥弩手，後營汛廢，子孫散居山谷，仍以苗名……不耕平地，僅伐嶺爲園，以種山稻。

清・明誼《道光　瓊州府志》（卷之二十・海黎志六・村峒）云：儋州又有苗黎，凡十村，約九十餘家。…蓋前明時，剿平羅活峒叛黎。建樂安城，調廣西苗兵防守，號爲藥弩手，後遷居於此，即其苗裔也。…②

　　注②彭元藻《民國　儋縣志》（卷之八・海黎志五・村峒），亦有記載。

## （回　族）

回族，其族人聚居在三亞市羊欄區的回輝、回新二村。回族的祖先，大約在十二至十三世紀期間，從印度支那半島的占城（即今越南南部平定省一帶），漂泊到海南的南部海岸，距今亦有七百年左右的歷史矣。

明・歐陽璨《萬曆　瓊州府志》（卷之三・地理志・風俗）於“番俗”條云：…乃宋元間，因亂挈家駕舟而來，散泊海岸，謂之番村、番浦。其人多蒲、方二姓，不食豕肉，家不供祖先，共設佛堂，念經禮拜，其言語、象貌與回回相似，今從民俗，附版圖，採魚辦課。③

　　注③清・陳夢雷《古今圖書集成》（方輿彙編・職方典：瓊州府風俗考／崖州・番俗），鍾元棣《光緒　崖州志》（卷之一・輿地志一・風俗）番民條，皆有類似之記載。

據當地回民傳說，宋元間，回族只有四、五十人，分駕兩隻船，從越南占城來，初居萬寧縣的番村，後遷移到三亞鎮附近定居。回族，於今已發展至四千餘人。

# （二）歷代黎務紀事

海南，黎有生、熟二種，有此地即有此人。

生黎雖獷悍，不服王化，亦不出爲民害。爲民害者，惟熟黎耳，初皆閩商蕩貲亡命爲黎，亦有本省諸郡人，利其土樂其俗而爲黎者。前此黎人屢叛，或迫於誅求，或迫於陵虐，間有貿易奸徒，利其香物，教以背叛，又使之搆釁，生黎陰陽反復，憑陵爲患者，此黎禍之媒蘗，亦古今之通患也。

從地方文獻窺之，於史志中，相關“黎”之紀事，不勝枚舉。尤其「黎亂」特多，更使府、州、縣守令，心神難安耶。於是，歷代朝官、守牧，有平黎、撫黎、議黎之策，亦有在黎區（村峒）建關隘、築營汛、駐兵防，或開井道、設土舍、授土官，或立社學、聘教師、育子弟，更有設治理機構、派專職長官，負責管理撫黎及防海事務。諸如：

宋哲宗紹聖四年（1097）丁丑

　　蘇軾（東坡）貶謫儋州，與幼子蘇過居儋四載，同當地黎民友好（儋士黎子民兄弟，相交親密），傳播中原文化。

元世祖至元二十八年（1291）辛卯，至三十一年（1294）甲午之間

　　設立「黎兵萬戶府」、「屯田萬戶府」，任黎族峒首世襲其職，統率黎兵，兼管地方軍事及民政。（明・宋濂《元史》卷九二・百官志八）。

明成祖永樂四年（1406）丙戌

　　瓊州府添設撫黎知府、推官各一員。陞劉銘爲知府（卒于官），歐可誠爲推官，專一撫黎，不管府事。明官修《明太宗實錄》（卷五二），唐胄《正德　瓊臺志》（卷之十三・公署），歐陽璨《萬曆　瓊州府志》（卷之四・建置志・公署／卷之八・海黎志・撫黎），有載。

明世宗嘉靖二十九年（1550）庚戌

　　廣東舉人海瑞（瓊山縣人）入北京，奏《平黎疏》及《上兵部條議七事》，並撰《平黎圖說》。

明神宗萬曆二十九年（1601）辛丑九月

　　兩廣總督奏請，添設撫黎通判一員，駐水蕉水會所城，專管黎族事務（明官修《明神宗實錄》卷三六三，歐陽璨《萬曆　瓊州府志》卷九・秩官志／官師）。

清代撫黎機構及長官之建制：

　　海防撫黎同知署，乃清代海南最高的撫黎機構，與瓊州府同時設立，其長官就是瓊州府同知，正五品，專責管理撫黎與防海事務。

　　原駐在府城，清世宗雍正九年（1731）辛亥，移駐崖州。清仁宗嘉慶二十四年（1819）己卯，奏准移回府城。清宣宗道光十三年（1833）癸巳，奉文移駐瓊山縣海口所城。

　　瓊州府同知，亦就是海南最高的撫黎長官。首任撫黎同知是郭玉升，浙江定海縣人，貢生，清順治十二年（1655）歲次乙未任。④

注④清・明誼《道光　瓊州府志》（卷之六・建置志一・

城池‧公署附）於〈海防撫黎同知署〉條云：「…
原在府治東，乾隆三年移駐崖州，嘉慶二十年奏准
還駐郡城。…」於〈瓊州府‧同知〉（卷之十二‧
經政志一‧銓選）條載：「…原駐郡城，雍正九年
移駐崖州，…嘉慶二十四年奏准移回郡城。…」又
〈同知〉（卷之二十四‧職官志二‧文職下）條云：
「原駐郡城，雍正九年移崖州。…」特誌於次，以
供稽考。

清光緒間平黎亂，訂撫黎章程，設撫黎局。

清德宗光緒九年（1883）七月，崖州黎亂。兵科給事
中戈靖奏聞，兵部侍郎曾紀澤、兩廣總督張之洞，繼奏
請開道立縣，以夷黎境，朝議是之。十二年（1886）丙
戌，命廣西提督馮子材統辦全瓊軍務，駐節陵水，築堡
凡陽，開通井字大路。…（清‧鍾元棣《光緒　崖州志》
卷之十四‧黎防志三‧平黎）

清德宗光緒十三年（1887）丁亥，張之洞剿平瓊州黎
匪，山路開通，收撫黎眾十萬人，定〈撫黎章程十二條〉。
（參見《清史稿》卷一三七〈兵志八〉邊防）

清德宗光緒年間，馮子材平黎後，曾於黎區設置撫黎
局三所：一在臨高縣南豐（今屬儋州市）、一在定安縣
嶺門（在今瓊中縣灣嶺鎮）、一在陵水縣凡安。

撫黎局，責以撫率黎民，開設學校，修治軍路諸大政
為主，而以雷瓊道監督之。每局約轄十峒，長官稱：局
長，委漢人或黎人任之。局長下設黎團總長一人，統轄
全屬黎境，主兵事。每局下設若干團，以三峒或六峒組

為一團，設總管一人，主民事，亦有兼理軍政者。於峒中黎戶，以十家為排，設排長。三排為甲，設甲長。三甲為保，設保正、保副。

從黎團總長至排長，皆以黎人中有勢力者任之，多為世襲，亦有公舉而由官府加委者。其制度，民國沿用，至十一年（1922）始廢。

徐珂《清稗類鈔》（種族類・苗族黎族）、王國憲《民國　瓊山縣志》（卷之二十三・官師志一・官績・張之洞）、陳銘樞《海南島誌》（人民・附：黎苗俫伎・部落狀況）、許崇灝《瓊崖志略》（瓊崖的居民：黎族・組織，歷代治黎與開化海南黎苗之研究），清・徐傳《游歷瓊州黎峒行程日記》，皆有紀載。

民國間，設瓊崖撫黎專員公署，建黎區縣。

民國二十一年（1932）歲次壬申，廣東省政府，根據駐軍警衛旅旅長陳漢光將軍之建議，令瓊崖綏靖委員公署，於海口增設瓊崖撫黎局，以陳漢光兼撫黎局長（亦稱撫黎專員）。

陳氏任職初期，就向廣東省政府，呈撫黎計畫，大要有三：一是成立黎區新縣，於黎區中分立三縣或五縣，以治理黎人，並重新劃定各縣縣界。二是恢復清末黎區總管制，在黎區新縣未成立前，依照馮子材辦法，設黎務局以管理之。三是開化措施：開闢公路、創辦學校、教手工業、設合作社、設診療所、改良衛生、振興實業、改良風俗、明訂法律、教授漢語、黎漢通婚、鼓勵從軍，……省政府嘉納之，特撥銀五十萬元，先作開闢公路之用。於是陳漢光徵發民工，從事興築，自南豐經白沙至元門，自陵水至保亭，自崖縣至樂東，各段路基，數月間次第完成。

民國二十二年（1933）癸酉歲九月，改瓊崖撫黎局為瓊崖撫黎專員公署，是瓊崖最高撫黎機構，仍駐海口。下分設嶺門、保亭、南豐、興隆四個黎務局，秉承撫黎專員公署之命，辦理各區黎務。每局設局長、隊長、書記各一人。嶺門、保亭二局，各三十名士兵。南豐、興隆二局，各二十四名士兵。於民國二十四年（1935）乙亥歲四月，新「黎區三縣」設立後，瓊崖撫黎專員公署，暨下屬四個黎務局俱裁撤。

陳漢光氏，於原呈撫黎計畫中，提議在黎區設立五縣，而以嶺門、南豐、東方、保亭、興隆為縣治。民國二十四年（1935）乙亥歲初，陳氏以撫黎工作告一段落，乃向廣東省政府建議，將全島各縣黎境，劃出設立黎縣，以資治理。

廣東省政府，根據其建議，令民政廳擬復。同年（1935）三月二日，給省政府呈文稱：「珠崖一島，孤懸海外，先已分置十三縣，類多環海設治，島中腹地，黎苗雜處，估計面積，南北相距約四百三十里，東西相距約八百七十里，跨涉儋縣、昌化、感恩、崖縣、陵水、萬寧、樂會、定安、瓊山、澄邁、臨高等十一縣境，實居全島之半，情形特殊，區域廣大，倘不另設縣治，則原有各縣，鞭長莫及，難收指臂之效。」又稱：「黎境廣漠，應設幾縣，實一重大問題。現因經費關係，擬設三縣，…」

省府審查結果，認爲可行，照案通過。於是，樂東、保亭、白沙三縣，在同年（1935）四月（一稱六月）正式成立。⑤

注⑤廣東省政府，民國二十四年（1935）四月二十五日，銓字第四一九號訓令（刊於民國二十四年五月十日，《廣東省政府公報》，第二九四期）。

　　**樂東縣**（初名：樂安縣，因與江西省樂安縣，名稱相同，故改名樂東縣，以免重複），所轄區域，係分由昌江縣屬七叉，感恩縣屬東方、馬隆、鷄叨、峨叉、峨逆、抱由峒、田中、峨溝峒，崖縣屬樂安、多潤峒、抱善峒、抱扛峒、龍鼻潭寨、多港峒、頭塘、萬冲峒、番陽峒、抱拄峒等，原三縣境內黎峒地組成。縣治在樂安。並於東方、抱扛峒，分設佐理員辦事處二所。

　　**保亭縣**，所轄區域，係分自崖縣屬之不打、六羅、首弓、三弓、抱龍峒、同甲峒、水滿峒，陵水縣屬之保亭、五弓、六弓、七弓、烏牙峒、嶺門團、白石團、五指山、七指山、分界嶺、吊羅山，萬寧縣屬之稅司、南橋、西峒、北峒，樂會縣屬之竹根峒、太平峒、茄糟峒、合水團，定安縣屬之船埠、南引團、加多團、母瑞山等黎峒地組成，縣治在保亭。並於竹根峒、白石團，分設佐理員辦事處二所。

　　**白沙縣**，所轄區域，係分由儋縣屬之雅叉峒、白沙峒、元門峒、龍頭峒、炳邦，昌江縣屬之霸王峒、烏烈、大坡、保平、馮虛峒，感恩縣屬吳什峒，陵水縣屬南流峒、十萬峒，定安縣屬之新市、營根舖、加釵峒、小水峒、思河圖，崖縣屬之紅毛上峒、紅毛下峒、道裁、紅茂村，瓊山縣屬加錄峒、淋灣峒等黎峒地組成，縣治在白沙。並於新市、霸王峒，分設佐理員辦事處二所。

綜而窺之，新置樂東、保亭、白沙三縣，係從瓊山、定安、樂會、儋縣、昌江、萬寧、陵水、崖縣、感恩等九縣之黎區，劃出七十餘峒地組成，故統稱：黎區三縣或黎三縣。由於每縣所割地域廣大，除縣府之外，分設佐理員辦事處二所，地位不高，權力又微，於是行政效力不張，實難發揮化黎功能。

# （三）自治州建置史

民國三十八年（1949）己丑歲春，中共瓊崖區黨委，根據中央實行"民族區自治"指示，成立「瓊崖少數民族行政委員會」，陳克文（漢族）任主任，王國興（黎族）、陳斯德（苗族）爲副主任。是爲海南黎族苗族自治州，最早期建構之機制。

民國三十九年（1950）庚寅歲五月，海南易幟。中共新政權建立後，於一九五二年（壬辰）四月二十日，海南黎族苗族自治區委員會成立（專區級），趙光炬（漢族）任第一書記。自治區人民政府，駐樂東縣抱由鎮，行政區域包括樂東、保亭、白沙、瓊中、東方五縣。一九五三年（癸巳），自治區人民政府，駐地從抱由鎮，遷駐保亭縣冲山（通什鎮）。一九五四年（甲午）一月，以原屬海南行政區之崖縣、陵水縣，劃歸自治區管轄，擴大爲七縣。

　　一九五五年歲次乙未，海南黎族苗族自治區，改稱：海南黎族苗族自治州。一九五八年（戊戌）十二月，自治州人民政府，遷海口與海南行署合署辦公。一九六二年（壬寅）二月，恢復自治州行政機構，自治州人民政府，遷回原駐地：通什鎮（後改通什市，今稱五指山市）。自治州管轄區域，包括昌江等八縣。

　　於“文化大革命”期間，自治州黨政機構陷於癱瘓狀態，廣州部隊曾實行軍事管制。一九六八年（戊申）四月八日，經廣東省革命委員會批准，成立海南黎族苗族自治州革命委員會，仍轄原八縣。直到一九八二年（壬戌）八月，撤銷海南黎族苗族自治州革命委員會，重新成立「海南黎族苗族自治州人民政府」，州治在通什市（今稱：五指山市），仍轄東方、樂東、崖縣（今名三亞市）、陵水、保亭、瓊中、白沙、昌江八縣。迨一九八七年（丁卯）十二月，海南黎族苗族自治州，再度被撤銷。其歷任黨政主要負責人，暨任期，表列如次：

## 歷任自治州黨政主要負責人

州書記　趙光炬（1952.4～1953.3）

　　　　李黎明（1953.3～1955.1）

　　　　趙光炬（1955.5～1958.11）撤銷

　　　　趙光炬（1961.11～1966.5）恢復

　　　　胡辰祥（1966.6～1968.7）

　　　　劉　榮（1971.4～1973.5）

　　　　　　趙光炬（1973.5～1975.5）

　　　　　　馬一品（1975.5～1975.8）

　　　　　　李萬福（1975.8～1977.9）

　　　　　　張日和（1977.9～1983.8）

　　　　　　楊　洪（1983.8～1987.7）

　　　　　　李國榮（1987.7～1987.12）撤銷


　　州　長　王國興（1952.7～1958.5）

　　　　　　林岳川（1958.5～1968.4）

　　　　　　劉　榮（1968.4～1973.5）

　　　　　　趙光炬（1973.5～1975.5）

　　　　　　馬一品（1975.5～1975.8）

　　　　　　李萬福（1975.8～1977.9）

　　　　　　張日和（1977.9～1982.8）

　　　　　　王越豐（1982.8～1983.8）

　　　　　　王學萍（1983.8～1984.8）代理

　　　　　　當選（1984.8～1987.12）撤銷


說　明：

一、黨委主要負責人之職務，亦有稱爲第一書記。

二、自治州政府主要負責人，在中共建國初期稱爲主席。

三、文化大革命時期，自治州政府主要負責人，稱作：革
　　命委員會主任。

# 參考文獻書目

《黎族簡史》

　　一九八二年五月　廣州市　廣東人民出版社　第一版
　　　（中國少數民族簡史叢書）

《海南黎族、苗族自治州概況》

　　一九八六年十二月　廣州市　廣東人民出版社　第一版
　　　（中國少數民族自治地方概況叢書）

《海南島黎族社會調查》（上下卷）

　　一九九二年十月　南寧市　廣西民族出版社　第一版

《黎族史》　　吳永章

　　一九九七年　廣州市　廣東人民出版社

《海南島歷代建置沿革考》（下冊）　　李　勃

　　二〇〇八年四月　海口市　海南出版社／南方出版社
　　　（海南歷史文化大系・海南研究）

中華民國一百年（2011）辛卯四月二十三日
臺北市：海南文獻史料研究室

# 卷之三　縣（市）建置沿革

縣在明、清時期，乃中央集權下，最基層的行政官署與行政區域，其行政長官爲知縣。

遜清一代，又有「分縣」的建置（制），諸如：甘肅一省，就曾置幾個分縣。其分縣大多附治於大縣，並由大縣縣丞兼管。

海南在清代末葉，瓊州府領三州十縣。其行政長官，府稱知府，州稱知州，縣稱知縣。

海南於清領之十縣，於今有改名爲市（省直轄地級市或縣級市），亦有改名爲黎族自治縣，或改名爲黎族、苗族自治縣。

## 一、瓊山縣

瓊山縣之史名，來由久遠，唐虞三代在南服荒徼，乃揚越絕域，秦末爲南越（象郡）外境，漢屬珠崖郡（玳瑁縣）境地耶。

緣自漢武帝元封元年（110B.C）辛末，始置儋耳、珠崖（郡治舊址，在今瓊山縣東潭都，即漢代玳瑁縣地）二郡，隸交趾刺史部。於元帝初元三年（46B.C）己亥，罷珠崖郡置朱盧縣，屬合浦郡，督於交州。東漢（俗稱：後漢）光武帝建武十九年（43）癸卯，改置珠崖縣，屬合浦郡隸於交州。迨三國吳大帝（孫權）赤烏五年（242）壬戌，復置珠崖郡，領徐聞（郡治）、朱盧（瓊山縣地）、珠官三縣。隸屬交州。

　　案：朱盧、珠官二縣（海南境地），在今瓊山之東境，
　　　　古蹟猶存。

　　晉武帝太康元年（280）省珠崖郡，以朱盧、珠官二縣屬合浦郡。旋改朱盧縣爲玳瑁縣，仍隸於交州。至南朝宋文帝元嘉八年（431）辛未，復置珠崖郡屬交州。旋廢，以朱盧、珠官二縣，隸越州合浦郡，齊因之。於梁武帝中大同年間（546）丙寅，置崖州（治設古儋耳地）、珠崖郡（領朱盧），屬揚州。陳沿襲梁制，俱統於廣州。

　　隋文帝開皇九年（589）己酉，仍稱崖州（海南全境）。於煬帝大業三年（607）丁卯，復置珠崖郡，以原玳瑁之東境置顏盧縣（前瓊山縣境），屬揚州司隸刺史。

　　唐高祖武德五年（622）壬午，改顏盧縣爲顏城，改珠崖郡爲崖州，顏城縣隸之，屬嶺南道。唐太宗貞觀元年（627）丁亥，以顏城縣更名舍城，析舍城置瓊山縣。於貞觀五年（631）辛卯，始析崖州地置瓊州（治設瓊山縣），以舍城縣隸崖州，仍屬嶺南道。十三年（639）又析瓊山南境，置曾口、顏羅、容瓊三縣。唐高宗乾封元年（666）丙寅，瓊州屬地瓊山等四縣陷山峒蠻。唐玄宗天寶元年（742）壬午，以瓊州（尚陷山峒蠻中）改瓊山郡。唐肅宗乾元元年（758）戊戌，復改瓊州。唐德宗貞元五年（789）己巳，由嶺南節度使李復討平，瓊州置都督府（瓊山等縣隨州而復）鎮之，唐懿宗咸通三年（862）

壬午，改屬嶺南西道。

迨五代屬南漢（劉隱創、都廣州、轄嶺南），仍沿襲唐制，於乾和十五年（957）丁巳，遂廢棄顏羅縣，並以其境地入瓊山縣，隸於瓊州。

宋太祖開寶五年（972）復置舍城縣，並廢崖州，其舊境四縣入瓊州（領瓊山等六縣）。宋神宗熙寧四年（1071）辛亥，省舍城入瓊山。在熙寧六年（1073）癸丑，以瓊州改瓊管安撫司，直領州之屬縣（瓊山等五縣），屬廣南西路。宋徽宗宣和五年（1123）歲次癸卯，改瓊管安撫都監，仍屬廣南西路。

元世祖至元十五年（1278）戊寅，改為瓊州路安撫司，隸湖廣行中書省。至元十七年（1280）庚辰，立海北海南道宣慰司（治設雷州）。至元二十八年（1291）辛卯，改瓊州路軍民安撫司，於瓊山南境，析置定安縣。元明宗天曆二年（1329）己巳，改瓊州路為乾寧軍民安撫司。元順帝至正末年（1367）丁未，改隸廣西行中書省。

明太祖洪武元年（1368）戊申，以元置之瓊州路改稱瓊州，仍屬廣西行中書省，海北海南道宣慰司。於洪武二年（1369）己酉，省瓊山縣。洪武三年（1370）庚戌，升瓊州為府，復置瓊山縣。洪武九年（1376）丙辰，廢廣西行中書省，改屬廣東承宣布政使司，並析海北海南道宣慰司，置海南道，還制於瓊州。

清世祖順治九年（1652）壬辰，清兵渡海入瓊，建置沿襲明制，於府外設按察司副使兼提學，隸於廣東。清聖祖康熙十三年（1674）甲寅，改設分巡雷瓊道。康熙四十五年（1706）

丙戌，裁提學。清世宗雍正八年（1730）庚戌，改爲分巡海南道，加「兵備」銜。清高宗乾隆四年（1739）己未，改名分巡雷瓊兵備道。清德宗光緒三十一年（1905）乙巳，改置瓊崖道，瓊州府領一州七縣，瓊山縣其一也。

中華民國肇造，廢州爲縣，瓊崖道依舊，領十三縣，屬廣東省都督府，民國元年（1912）壬子，舊瓊州府附郭首縣，裁府留縣。民國十年（1921）廢棄道制，改瓊崖區。於十一年（1922）至三十四年（1945）間，建制變更頻繁，惟仍屬廣東省政府。迨民國三十七年（1948）行政院明令公佈，以瓊崖改設海南特別行政區，直隸行政院。次年（1949）四月一日，正式成立長官公署。民國三十九年（1950）五月，海南易幟，政制變更。於一九五九年（己亥）撤銷瓊山縣，併入海口市。

一九六〇年（庚子）恢復瓊山縣，復治瓊州，即府城鎮。於今又併入海口市，稱瓊山區。

# 二、澄邁縣

澄邁縣，原名隆邁縣。於唐虞三代乃揚越之荒徼，秦末爲南越（象郡）外境，漢屬珠崖郡（苟中縣）境地。

緣自漢武帝元封元年（110B.C）辛未，始置儋耳、珠崖（按苟中縣，始設於今治之那舍都）二郡，屬交趾刺史部。漢昭帝始元五年（82B.C）己亥，省儋耳郡併入珠崖郡（苟中縣部份境，屬澄邁邑地）。於漢元帝初元三年（46B.C）乙亥，罷珠崖郡，獨置朱盧縣，屬合浦郡。

　　迨東漢（後漢）光武帝建武十九年（43）癸卯，改置珠崖縣，隸合浦郡，仍督於交州。三國吳大帝（孫　權）赤烏五年（242）壬戌，復置珠崖郡，領徐聞（郡治）、朱盧（澄邁縣地）、珠官三縣，屬交州。

　　晉武帝太康元年（280）庚子，省珠崖郡歸隸合浦郡，改朱盧縣爲玳瑁縣，仍屬交州。於南朝宋文帝元嘉八年（431）辛未，復置珠崖郡，旋廢。以朱盧、珠官二縣，屬越州，齊因之。梁武帝中大同年間（546）丙寅，就古儋耳地，置崖州，領朱盧、珠官二縣，屬揚州（統於廣州）。陳沿梁制，仍屬於廣州都督。

　　隋文帝開皇九年（589）己酉，仍屬崖州。隋煬帝大業三年（607）丁卯，就崖州境改置珠崖郡，並析西南地置臨振郡（治設寧遠），領延德、寧遠、隆邁（古苟中地、今澄邁縣）、昌化、武德五縣，屬揚州司隸刺史。

　　唐高祖武德五年（622）壬午，改珠崖郡爲崖州，領四縣，隆邁（隋置，今澄邁境）縣屬之，唐太宗貞觀元年（627）丁亥，置崖州都督府，屬嶺南道。至貞觀五年（631）辛卯，析崖州地新置瓊州，以隆邁縣屬崖州。於貞觀十三年（639）己亥，析瓊山、隆邁，置曾口、顏羅、容瓊三縣，以屬瓊州。迨唐睿宗景雲二年（711）辛亥，以隆邁縣改名澄邁縣，仍屬崖州（都督府）、隸嶺南道。迄唐懿宗咸通三年（862）壬午，瓊境五州屬嶺南西道。

　　五代屬南漢（劉　隱建、都廣州、轄嶺南），初襲唐制，於乾和十五年（957）丁巳，廢瓊州之曾口、顏羅二縣，以其境地併入澄邁縣，仍屬崖州。

　　宋太祖開寶五年（972）壬申，以南漢之崖州舊地併入瓊州（又改振州爲崖州，領寧遠、吉陽二縣），澄邁縣隸之。宋太宗至道三年（997）丁酉，屬廣南西路（轄海南全境之瓊州、崖州、儋州、萬安州）。於宋神宗熙寧六寧（1073）癸丑，以瓊州置瓊管安撫司，領州之屬縣（瓊山、澄邁、文昌、臨高、樂會五縣），仍屬廣南西路。迨宋徽宗宣和五年（1123）癸卯，改爲瓊管安撫都監，仍領五縣。

　　元世祖至元十五年（1278）戊寅，改瓊管安撫都監爲瓊州路安撫司（澄邁縣屬瓊州路），屬湖廣行中書省。於至元十七年（1280）庚辰，置海北海南道宣慰司。至元二十八年（1291）辛卯，改爲瓊州路軍民安撫司，並析瓊山、澄邁二縣部份境地置定安縣。元明宗天曆二年（1329）己巳，改瓊州路爲乾寧軍民安撫司。迄宋順帝至正末年（1367）丁未，改屬廣西行中書省。

　　明太祖洪武元年（1368）戊申，改元置瓊州路爲瓊州（領七縣：瓊山、澄邁、臨高、定安、文昌、會同、樂會），仍屬廣西行中書省、海北海南道宣慰司，於洪武三年（1370）庚戌，升瓊州爲府（澄邁縣屬之）。洪武九年（1376）丙辰，改屬廣東承宣布政使司，並析海北海南道宣慰司，置海南道（治設瓊州）。

　　清世祖順治九年（1652）壬辰八月，清兵渡海入瓊，其建置沿襲明制，於府外設按察司副使兼提學。清德宗光緒三十一年（1905）乙巳，改置瓊崖道，瓊州府領一州七縣（澄邁縣屬之），隸於廣東省。

　　中華民國肇造，其瓊崖道依舊，領轄十三縣（澄邁縣屬之），屬廣東省都督府。民國十年（1921）辛酉，廢棄道制，改瓊崖區，屬廣東省都督府。民國三十六年（1947）八月，行政院院務會議通過，以瓊崖改海南特別行政區，直隸行政院，轄十六縣（澄邁縣屬之）一市，暨南海四沙諸群島。

# 三、臨高縣

臨高縣，原名臨機縣。於唐虞三代乃揚越荒徼，秦末爲南越（象郡）外域，漢屬儋耳郡地也。

緣自漢武帝元封元年（110B.C）辛未，始以海南境地，開置珠崖、儋耳（臨地屬之）二郡，屬交趾刺史部。漢昭帝始元五年（82B.C）己亥，遂罷儋耳併入珠崖郡。漢元帝初元三年（46B.C）乙亥，又廢珠崖郡置朱盧縣，屬合浦郡爲都尉治，乃隸交趾刺史部。

三國時代，海南屬東吳統治。於吳大帝（孫權）赤烏五年（242）壬戌，復置珠崖郡，領徐聞（郡治，非海南境地）、朱盧、珠官三縣，屬交州。

晉武帝（世祖・司馬炎）太康元年（280）庚子滅吳，省珠崖郡入合浦郡，仍置玳瑁、珠官二縣（海南境地），屬交州。

至南北朝時代，宋文帝元嘉八年（431）辛未，復置珠崖郡（治設徐聞），屬交州。尋廢珠崖入隸合浦郡，以朱盧、珠官二縣，屬越州。齊，沿宋制。於梁武帝中大同年間（546）丙寅，就舊儋耳地，置崖州，領朱盧、珠官二縣。陳因梁制，仍屬崖州。

案：自漢元帝初元三年乙亥，至三國、兩晉、南北朝
　　（宋、齊、梁、陳），亦就西元前四十六年（46B.C.）
　　至西元五百八十八年（588），其間六百二十四
　　年，各郡縣幾皆罷廢，海南境內僅置朱盧、珠官
　　二縣，附屬合浦郡而已。

隋煬帝大業三年（607）丁卯，改崖州爲珠崖郡（治設義
倫），析儋耳地置毗善縣，屬揚州司隸刺史。

注：舊志〈沿革〉門：「隋文帝開皇初，置臨振郡立
　　義倫、毗善縣隸之。是臨地建治之始，在今治西
　　北富羅鄉之東塘都」。

唐高祖武德五年（622）壬午，改毗善爲富羅縣，又析富
羅置臨機縣，以富羅（隋毗善縣地）屬儋州，臨機（今臨高
縣）屬崖州。唐太宗貞觀五年（631）辛卯，析崖州境地新置
瓊州，領縣：瓊山、臨機、萬安、富雲、博遼。自此臨地，
屬瓊州之始。唐高宗乾封後（667）丁卯，黎歧犯瓊，陷於蠻
峒，以臨機縣屬崖州。唐玄宗開元元年（713）癸丑，改臨機
爲臨高縣，是臨高縣得名之始。於玄宗天寶元年（742）壬午，
改崖州爲珠崖郡，以臨高隸之，儋州爲昌化郡，富羅屬之。
唐德宗貞元五年（789）己巳，嶺南節都使李復剋復瓊州，奏
置瓊州都督府，而臨高仍隸於瓊州。

五代時期，屬南漢（劉　隱建、都廣州、轄嶺南），對
海南州縣建置，初沿唐制。於乾和十五年（957）丁巳，廢富
羅縣，以其地析入臨高及儋州之義倫，而臨高遂徙治富羅。

宋太祖開寶五年（972）壬申，廢崖州，以其地併入瓊州，
領瓊山、臨高、樂會、舍城、澄邁、文昌六縣。而臨高縣遂

屬瓊州，徙治於英邱都，宋太宗至道三年（997）丁酉，屬廣
南西路。宋神宗熙寧六年（1073）癸丑，置瓊管安撫司，以
領瓊州屬五縣。宋徽宗宣和五年（1123）癸卯，改爲瓊管安
撫都監，仍屬廣南西路。迨南宋高宗紹興二年（1132）壬子，
移臨高於莫村（即今治），於紹興六年（1136）丙辰，廢昌
化、萬安、吉陽三軍爲縣，併裁鎮復置寧遠縣，而與臨高諸
縣並隸於瓊管安撫都監。

　　元世祖（忽必烈）滅宋，統治中原，於至元十五年（1278）
戊寅，始渡海入瓊，其軍縣建置仍沿仿宋制。改瓊管爲瓊州
路安撫司，隸湖廣行中書省（時廣西未置行省故也）。至元
十七年（1280）庚辰，立海北海南道宣慰司（介於省與路承
轉機構，係擇遠距京都或省治之地而設），司治設於雷州，
領瓊州路。至元二十八年（1291）辛卯，改爲瓊州路軍民安
撫司。元明宗天曆二年（1329）己巳，改瓊州路爲乾寧軍民
安撫司，仍隸湖廣行中書省。於元順帝（亦稱庚申帝，明宗
長子）至正末年（1367）丁未，改隸廣西行中書省。

　　明太祖洪武元年（1368）戊申，改元置瓊州路爲瓊州，
仍屬廣西行中書省，隸於海北海南道宣慰司。明洪武三年
（1370）庚戌，升瓊州爲府。於洪武九年（1376）丙辰，棄
廣西行中書省，改屬廣東承宣布政使司，並析海北海南宣慰
司，置海南道，治設瓊州。明英宗正統四年（1439）己未，
省三州附郭宜倫、萬寧、寧遠三縣，領州三縣十，臨高爲其
中邑焉。

　　清世祖順治九年（1652）壬辰歲八月，清兵渡海入瓊，
建置沿襲明制，在府外設按察司副使兼提學。清聖祖康熙十

三年（1674）甲寅，改置分巡雷瓊道，於康熙四十五年（1706）
丙戌，裁提學。清世宗雍正八年（1730）庚戌，改爲分巡海
南道加兵備銜。清高宗乾隆四年（1739）己未，改名分巡雷
瓊兵備道。清德宗光緒三十一年（1905）乙巳，改置瓊崖道，
隸於廣東。迨中華民國肇立，建置仍舊，名爲臨高縣，於今
亦然也。

# 四、定安縣

　　定安縣名，來由有自。唐虞三代在荒服之外，乃南徼絕
域。秦末爲南越（象郡）外境，漢屬珠崖郡（玳瑁縣）地。
　　緣自漢武帝元封元年（110B.C）辛未，始於其他，置珠
崖（玳瑁縣部分境，就定安縣地）、儋耳二郡，屬交趾刺史
部。漢昭帝始元五年（82B.C）己亥，省儋耳併入珠崖郡。
漢元帝初元三年（46B.C）乙亥，以珠崖屢叛，又罷珠崖郡
置朱盧縣（邑地屬之），隸合浦郡爲都尉治，仍屬交趾刺史
部。東漢光武帝建武十九年（43）癸卯，省朱盧改置珠崖縣，
屬合浦郡，仍督於交州。
　　**案：兩漢定安邑地，屬朱盧縣、珠崖縣。**
　　三國時期，海南屬東吳統治。於吳大帝（孫權）赤烏五
年（242）壬戌，復置珠崖郡，領縣三：徐聞（郡治，非海南
境）、朱盧、珠官，統於交州。
　　**案：東吳時代，定安邑地，屬朱盧縣。**
　　晉武帝（世祖）太康元年（280）滅吳後，省珠崖入合浦
郡，改朱盧爲玳瑁縣。領縣六：合浦、南平、蕩昌、徐聞（上

四縣非海南境）、珠官、玳瑁（上二縣為海南地），仍督於交州。實際統轄，係廉州、欽州、合浦、瓊州全境也。

　　案：兩晉定安邑地，屬玳瑁縣境。

　　於南北朝，宋文帝元嘉八年（431）辛未，復置珠崖郡（治設徐聞），屬交州。尋又廢珠崖入隸合浦郡，以朱盧、珠官二縣，屬越州。齊，沿宋制。於梁武帝中大同年間（546）丙寅，就舊儋耳地，立崖州，領朱盧、珠官二縣，統於廣州。陳因梁制，俱屬廣州都督，並統督崖州。

　　案：宋、齊時期，定安邑地，屬朱盧縣。梁、陳時代，
　　　　定安邑地在崖州境。

　　隋文帝開皇九年（589）己酉，仍屬崖州。隋煬帝大業三年（607）丁卯，改崖州為珠崖郡（治設義倫），領五縣（其顏盧縣境，定安邑地）。又析西南地置臨振郡，領縣五（治設寧遠），俱隸於揚州司隸刺史。

　　案：珠崖郡之顏盧縣，時同為瓊山、樂會、會同、定
　　　　安四縣境地。

　　唐高祖武德五年（622）壬午，改珠崖郡為崖州（以顏盧縣置，改顏城縣，定安邑屬地），改臨振郡為振州，並析置儋州（領原珠崖郡四縣地），各領四縣。唐太宗貞觀元年（627）丁亥，屬嶺南道，並置崖州都督府，以顏城改為舍城，尋析置瓊山縣。於貞觀五年（631）辛卯，析崖州境（瓊山地）新置瓊州，倚郭置瓊山縣，邑地屬焉。迄唐懿宗咸通五年（864）甲申，在古瓊山縣南境黎峒（今定安縣西南峒）置忠州（在定安黎母山下），旋廢。

　　五代時期，屬南漢（劉隱建，都廣州，轉嶺南），對海

南境州縣建置，初沿唐制。於乾和十五年（957）丁巳，廢瓊
州之曾口、顏羅二縣，儋州之富羅縣，振州之延德、臨川、
落屯三縣，萬安州之富雲、博遼二縣。而瓊州領瓊山、樂會
二縣，邑地屬瓊山縣。

> 案：兩宋定安邑地在瓊山縣境，隸於瓊州。宋太宗至
> 道三年（997）丁酉、屬廣南西路。宋神宗熙寧
> 六年（1073）癸丑，置瓊管安撫司。迨宋徽宗宣
> 和五年（1123）癸卯，改為瓊管安撫都監，俱屬
> 廣南西路。於南宋，其制仍舊。

　　元世祖（忽必烈）滅宋，統治中原，於至元十五年（1278）
戊寅，始渡海入瓊，其軍、縣建置多沿仿宋制。改瓊管為瓊
州路安撫司，屬湖廣行中書省。至元十七年（1280）庚辰，
置海北海南道宣慰司（介於省與路間承轉機構，係擇遠距京
都或省治之地而設），司治設於雷州，領瓊州路。至元二十
八年（1291）辛卯，改為瓊州路軍民安撫司。並由湖廣平章
闊里吉思奏置會同、定安二縣。次年（1292）六月，析瓊山
南境并新附黎峒（澄邁縣部份地），置定安縣（在南資圖南
堅崗麻山界）。元明宗天曆二年（1329）三月，改瓊州路為
乾寧軍民安撫司，並陞定安縣為南建州，遷治瓊牙鄉）。於
元順帝至正二十七年（1367）丁未，改隸廣西行中書省。

　　明太祖洪武元年（1368）戊申，改元置乾寧軍民安撫司
為瓊州，廢南建州復名定安縣為瓊州轄地，仍屬廣西行中書
省，隸於海北海南道宣慰司。洪武三年（1370）廣東衛指揮
僉事孫　安奏請，陞瓊州為府。洪武九年（1376）丙辰，廢
廣西行中書省，改屬廣東承宣布政使司，並析海北海南道宣

慰司，置海南道，治設瓊州，瓊州府領三州七縣，定邑屬焉。

　　清世祖順治九年（1652）八月，清兵渡瓊，其建置因襲明制，在府外設按察司副使兼提學。清聖祖康熙十三年（1674）甲寅，改置分巡雷瓊道，於康熙四十五年（1706）裁提學。清世宗雍正八年（1730）庚戌，改爲分巡海南道加兵備銜。清高宗乾隆四年（1739）己未，改分巡雷瓊兵備道。清德宗光緒三十一年（1905）乙巳，改置瓊崖道，隸於廣東。

　　中華民國肇立，廢州爲縣。瓊崖道依舊，統轄十三縣，屬廣東省都督府。迨民國十年（1921）廢道制，改瓊崖區。於民國十一年（1922）至三十四年（1945）間，海南建置變更頻仍，諸如：瓊崖善後處（民國十一年置），瓊崖行政委員會（民國十五年置）、廣東南區（瓊崖區）善後公署（民國十七年置）、瓊崖綏靖公署（民國二十二年置）、廣東第九區（瓊崖）行政督察專員公署（民國二十五年置）、廣東省政府主席駐瓊崖辦公處（民國三十四年置），皆屬廣東省政府。於民國二十四年（1935）乙亥，據駐軍警衛旅旅長兼瓊崖撫黎專員陳漢光將軍建議，就其瓊山、定安、樂會、萬寧、陵水、儋縣、昌江、感恩、崖縣等九縣境內黎區，劃出七十二峒，分置樂東、保亭、白沙三縣。

　　民國三十六年（1947）八月，行政院院務會議通過，以瓊崖改海南特別行政區，直隸行政院。於次年（1948）行政院明令公佈，民國三十八年（1949）四月一日，正式成立行政長官公署，並設海南建省籌備委員會。其治設海口市，轄管瓊山、文昌、澄邁、臨高、儋縣、定安、瓊東、樂會、萬寧、陵水、崖縣、昌江、感恩、樂東、保亭，白沙等十六縣一市，暨南海之東沙、西沙、中沙、南沙等諸群島。

民國三十九年（1950）四月，海南易幟，政制更變，定安縣名仍舊，屬海南行政區，回隸廣東省。一九八八年（戊辰）四月，建置海南省，定安縣屬焉。

# 五、文昌縣

文昌縣，原稱平昌縣。在唐虞三代乃揚越荒徼，秦末為南越（象郡）外域，漢屬珠崖郡（紫貝縣）境地也。

緣自漢武帝元封元年（110B.C）辛未，始以海南境地，開置珠崖（文昌地屬之）、儋耳二郡，屬交趾刺史部。漢昭帝始元五年（82B.C）己亥，遂罷儋耳併入珠崖郡。漢元帝初元三年（46B.C）乙亥，又廢珠崖郡置朱盧縣，屬合浦郡為都尉治，仍隸交趾刺史部。東漢光武帝建武十九年（43）癸卯，省朱盧復置珠崖縣，屬合浦郡，仍督於交州。

案：漢代文昌邑治，併入朱盧、珠崖縣。

三國時代，海南屬東吳統治。於吳大帝（孫權）赤烏五年（242）壬戌，復置珠崖郡，領徐聞（郡治，非海南境地）、朱盧、珠官三縣，屬交州。

案：三國時代（吳），文昌邑治，併入珠官縣。

晉武帝（世祖）太康元年（280）庚子滅吳，省珠崖入合浦郡，並改朱盧為玳瑁縣。領縣有六：合浦、南平、蕩昌、徐聞（以上非海南境）、珠官、玳瑁（以上屬海南地），仍督於交州。實際統轄乃廉州、欽州、合浦、瓊州全境。

案：晉代文昌邑治，併入玳瑁縣。而舊志作，改為瑇瑁。

在南北朝期間，宋文帝元嘉八年（431）辛未，復立珠崖郡（治設徐聞），屬交州。尋又廢珠崖入隸合浦郡，以朱盧、珠官二縣，屬越州。齊，沿宋制。於梁武帝中大同年間（546）丙寅，就舊儋耳地，置崖州，領朱盧、珠官二縣，隸於廣州。陳因梁制，仍屬廣州（都督），並統督崖州。

　　案：宋、齊二代文昌邑治，併入朱盧縣。梁、陳二代，

　　　　併於崖州。

隋文帝開皇九年（589）己酉，仍屬崖州。隋煬帝大業三年（607）丁卯，始改崖州復置珠崖郡（治設義倫），領五縣。又析西南地置臨振郡（領五縣，治設寧遠），就紫貝縣故墟置武德縣（前文昌及瓊山縣境），統屬於揚州司隸刺史。

唐高祖武德五年（622）壬午，改珠崖郡為崖州，以武德縣改平昌縣屬之，又改臨振郡為振州，並析置儋州，各州領四縣。唐太宗貞觀元年（627）丁亥，屬嶺南道，並在崖州設都督府，以平昌縣改名文昌縣。於貞觀五年（631）辛卯，析文昌縣置萬安、富雲、博遼三縣，析崖州境地新置瓊州，除崖州領舍城、隆邁、文昌三縣外，餘瓊州、儋州、振州，各領五縣。唐懿宗咸通三年（862）壬午，全境五州：瓊州（設置都督府，領四縣）、崖州（領三縣，文昌縣屬之）、振州（領五縣）、萬安州（領四縣），統屬嶺南西道。

於五代時期，屬南漢（劉隱建，都廣州，轄嶺南），對海南境州縣建置，初沿唐制。於乾和十五年（957）丁巳，廢瓊州之曾口、顏羅二縣，儋州之富羅縣，振州之延德、臨川、落屯三縣，萬安州之富雲、博遼二縣，而崖州領四縣仍舊，文昌縣屬之。

宋太祖開寶五年（972）壬申，廢崖州，以其舊地併入瓊州，領六縣，始以文昌縣屬瓊州。宋太宗至道三年（997）丁酉，屬廣南西路。宋神宗熙寧六年（1073）癸丑，置瓊管安撫司，以領瓊州屬五縣。宋徽宗宣和五年（1123）癸卯，改為瓊管安撫都監，仍屬廣南西路。

元世祖（忽必烈）滅宋，統治中原，於至元十五年（1278）戊寅，始渡海入瓊，其軍縣建置多沿仿宋制。以文昌屬瓊州路安撫司（瓊管改置），屬湖廣行中書省。至元十七年（1280）庚辰，又置海北海南道宣慰司（介於省與路間承轉機構，係擇遠距京都或省治之地而設），司治設在雷州，領瓊州路。至元二十八年（1291）辛卯，改為瓊州路軍民安撫司。元明宗天曆二年（1329）己巳，改瓊州路為乾寧軍民安撫司。元文宗至順二年（1331）辛未，遷縣於奉化鄉（即今治）。元順帝至正末年（1367）丁未，改隸廣西行中書省。

明太祖洪武元年（1368）戊申，改元置各軍為瓊、儋、萬、崖四州。洪武三年（1370）庚戌，升瓊州為府，以儋、萬、崖為屬州，各領二縣。

清世祖順治九年（1652）壬辰歲八月，清兵渡海入瓊，建置因襲明制，在府外設按察司副使兼提學。清聖祖康熙十三年（1674）甲寅，改置分巡雷瓊道。於康熙四十五年（1706）丙戌，裁提學。清世宗雍正八年（1730）庚戌，改為分巡海南道加兵備銜。清高宗乾隆四年（1739）己未，改名分巡雷瓊兵備道。清德宗光緒三十一年（1905）乙巳，改置瓊崖道，隸於廣東。

中華民國肇立，廢州為縣。瓊崖道依舊，統轄十三縣，屬廣東省都督府。迨民國十年（1921）廢道制，改瓊崖區。於民國十一年（1922）至三十四年（1945）間，海南建置變更頻仍，諸如：瓊崖善後處（民國十一年置）、瓊崖行政委員會（民國十五年置）、廣東南區（瓊崖區）善後公署（民國十七年置）、瓊崖綏靖公署（民國二十二年置）、廣東第九區（瓊崖）行政督察專員公署（民國二十五年置）、廣東省政府主席駐瓊崖辦公處（民國三十四年置），皆屬廣東省政府，惟文昌縣建制仍舊。今名：文昌市，隸海南省。

# 六、會同縣

瓊東縣乃瓊州屬邑，故名會同縣，改稱瓊海縣，今名：瓊海市。唐虞三代爲揚越荒徼，秦末爲象郡（南越）外域，漢屬珠崖郡（玳瑁縣）地。

緣自漢武帝元封元年（110B.C）辛未，始置儋耳、珠崖（玳瑁縣境，就會同縣地）二郡，屬交趾刺史部。於昭帝始元五年（82B.C）己亥，遂廢罷儋耳，併入珠崖郡。

自漢元帝初元三年（46B.C）乙亥，至唐高祖武德元年（618）戊寅，隋恭帝（楊侑）禪位止，其間郡縣建置罷廢，名稱更迭頻繁，不勝枚舉。於唐、五代（南漢）、宋，本樂會縣（西峒獠）故地。

迨元世祖（忽必烈）至元十五年（1278）戊寅，改瓊州路安撫司，至元十七年（1280）庚辰，置海北海南道宣慰司，屬湖廣行中書省。至元二十八年（1291）辛卯，湖廣平章闊里吉思建議，於次年（1292）壬辰，析樂會縣西北境，置會

同縣於永安都烏石埇，屬瓊州路軍民安撫司。於明宗（和世琜）
天曆二年（1329）己巳，改瓊州路爲乾寧軍民安撫司。元順
帝（妥歡帖睦爾）至正末年（1367），改隸廣西行中書省。

　　　案：元仁宗（愛育黎拔力八達）皇慶元年（1312）壬
　　　　　子，土酋王高燒燬縣治，原議移太平都斗牛鄉。
　　　　　於順帝至正年間，旋卜遷今治，即「端山」也，
　　　　　地名「牛角墩」。

　　迄明太祖（朱元璋）洪武元年（1368）戊申，以元置之
瓊州路改爲瓊州，仍屬廣西行中書省，海北海南道宣慰司。
於洪武三年（1370）庚戌，升瓊州爲府，九年（1376）棄廣
西行中書省，改屬廣東布政使司，並析海北海南道宣慰司，
置海南道，還制於瓊州。

　　清世祖（福臨）順治九年（1652）八月，清兵渡瓊，建
置因沿明制，府外設按察司副使兼提學。清聖祖康熙十三年
（1674）甲寅，改置分巡雷瓊道。於康熙四十五年（1706）
丙戌，裁提學。清世宗雍正八年（1730）庚戌，改爲分巡海
南道加兵備銜。清高宗乾隆四年（1739）己未，改名分巡雷
瓊兵備道。於清德宗（載湉）光緒三十一年（1905）乙巳，
改置瓊崖道，隸於廣東，統崖州及瓊州府，會同縣屬之。

　　中華民國肇造，以與湖南省會同縣名重複，乃於民國三
年（1914）一月，改稱瓊東縣。民國三十九年（1950）五月，
海南易幟，故制變更，於西元一九五八年（戊戌）十二月，
由瓊東、樂會、萬寧三縣，合併設置瓊海縣（次年十一月，
萬寧分出，獨成一縣），今名：瓊海市（直轄縣級市），治
設嘉積鎮，隸於海南省。

# 七、樂會縣

　　樂會縣於瓊（海南），蕞爾彈丸耳。由於地狹氣瘴，黎岐叛逆，賊寇劫掠，擾亂無休，被視為化外之地，致鮮有官府所重視而建設耶。

　　樂會縣之史名，其來由遠久。唐虞三代在荒服之外，乃南徼絕域。秦末為南越（象郡）外境，漢屬珠崖郡（玳瑁縣）境地。

　　緣自漢武帝元封元年（110B.C）辛未，始置儋耳、珠崖（玳瑁縣部份境，就樂會縣地）二郡，屬交趾刺史部。漢元帝初元三年（46B.C）乙亥，罷珠崖郡省併朱盧縣。至東漢（後漢）光武帝建武十九年（43）癸卯，改置珠崖縣，屬合浦郡，督於交州。三國吳大帝（孫權）赤烏五年（242）壬戌，復置珠崖郡，朱盧縣（樂會縣地），屬交州。

　　晉武帝太康元年（280）庚子，省珠崖歸合浦郡，改朱盧縣，復置玳瑁縣，仍屬交州。於南朝宋文帝元嘉八年（431）辛未，復置珠崖縣，旋廢。以朱盧、珠官二縣，屬越州，齊因之。梁武帝中大同年間（546）丙寅，置崖州、珠崖郡，屬揚州，陳沿襲梁制。

　　隋煬帝大業三年（607）丁卯，復置珠崖郡領五縣（其中顏盧縣，即樂會縣境），並析西南地置臨振郡，均屬揚州司隸刺史。

　　唐高祖武德五年（622）壬午，改顏盧縣為顏城，改珠崖郡為崖州，顏城縣隸之，屬嶺南道。於太宗貞觀元年（627）

丁亥，以顏城縣更名舍城，五年（631）析舍城縣置瓊山，十三年（639）又析瓊山南境，置容瓊縣。唐高宗顯慶五年（660）庚申，復析容瓊置樂會縣，建治於黎黑村，亦隸於瓊州，屬嶺南道。於乾封後（667）陷沒，受治於黎。唐德宗貞元五年（789）己巳，嶺南節度使李復討平之。貞元七年（791）復置樂會縣，省容瓊併入，仍屬瓊州。唐懿宗咸通三年（862）壬午，改屬嶺南西道。

　　迨五代屬南漢（都廣州，轄嶺南），仍沿襲唐制。於乾和十五年（957）丁巳，遂廢棄瓊州屬之曾口、顏羅二縣，以部份境地，併入樂會縣。

　　宋神宗熙寧六年（1073）癸丑，樂會縣直隸瓊管安撫司，屬廣南西路。宋徽宗大觀三年（1109）己丑，割樂會縣，改隸萬安軍。尋於政和元年（1111）辛卯，復舊置仍隸於瓊。宣和五年（1123）癸卯，改為瓊管安撫都監，仍屬廣南西路。

　　元世祖至元十五年（1278）戊寅，改為瓊州路安撫司。於至元十七年（1280）庚辰，置海北海南道宣慰司，屬湖廣行中書省。至元二十四年（1287）丁亥，遷縣於太平都之調懶村。至元二十八年（1291）辛卯，湖廣平章闊里吉思建議，析縣西北境，置會同縣於烏石埇。樂會縣所存地較狹，後以調懶不可居，乃遷於萬泉河之北。元成宗大德四年（1300）庚子，王文河、符熙為寇，又遷於河南之州上（舊志云：遷河南之陰陽山，即今治）。元明宗天曆二年（1329）己巳，改屬乾寧軍民安撫司。元順帝至正末年（1367）丁未，改隸廣西行中書省。

　　明太祖洪武元年（1368）戊申，以元置之瓊州路改稱瓊

州，仍屬廣西行中書省，海北海南道宣慰司。於洪武三年
（1370）庚戌，升爲瓊州府。洪武九年（1376）廢廣西行中
書省，改屬廣東承宣布政使司，並析海北海南道宣慰司，置
海南道，還制於瓊州（海南）。

　　清世祖順治九年（1652）八月，清兵渡海入瓊，建置大
都因襲明制，於府外設按察司副使兼提學，隸於廣東。清德
宗光緒三十一年（1905）乙巳，改置瓊崖道，瓊州府領一州
七縣，樂會縣其一也。

　　中華民國肇造，由於政局動盪，海南久亂不安，建制名
稱更迭頻繁。迨民國三十七年（1948）行政院明令公佈，以
瓊崖改爲海南特別行政區，直隸行政院，次年（1949）四月
一日，正式成立長官公署。民國三十九年（1950）五月，海
南易幟，政制變更，於西元一九五八年（戊戌）十二月，由
瓊東、樂會、萬寧三縣，合併設置瓊海縣（次年十一月，萬
寧縣復舊），今名：瓊海市（治設嘉積鎮）。樂會縣建置沿
革，大略如斯矣。

# 八、昌化縣

　　昌江縣，原稱昌化縣。在唐虞三代爲楊越荒徼，秦末爲
南越（象郡）外境，漢屬儋耳郡（至來縣）境地。

　　緣自漢武帝（劉　徹）元封元年（110B.C）辛未，始置
至來縣，屬儋耳郡地，隸交趾刺史部。於昭帝（劉弗陵）始
元五年（82B.C）己亥，遂罷儋耳郡，併入珠崖郡，仍屬交
趾刺史部。

　　漢元帝（劉　奭）初元三年（46B.C）乙亥，至東晉恭
帝（司馬德文）元熙元年（419）己未，其間建置罷廢，名稱
更迭頻繁，隸屬靡常。海南境地，僅置朱盧、珠官二縣，並
附屬合浦郡而已。

　　迨南朝宋文帝（劉義隆）元嘉八年（431）辛未，復置珠
崖郡（郡治設在徐聞），屬越州（先屬交州）。梁武帝（蕭
衍）中大同年間（546）丙寅，屬崖州（治設古儋耳）。

　　隋煬帝（楊廣）大業三年（607）丁卯，改崖州為珠崖郡，
領吉安（昌江縣境）等五縣。並析西南地置臨振郡，又由吉
安縣，分置昌化縣（今昌江縣），屬揚州司隸刺史。

　　唐高祖（李淵）武德五年（622）壬午，改郡為州，以臨
振郡改振州，並析置儋州，吉安縣（隋置）併入昌化縣屬之。
於太宗（李世民）貞觀元年（627）丁亥，又析昌化縣復置吉
安縣，仍屬儋州。唐玄宗（李隆基）天寶元年（742）壬午，
以儋州改名昌化郡。唐肅宗（李亨）乾元元年（758）戊戌，
廢吉安縣（原屬儋州），昌化郡增設洛場縣，並改昌化郡復
名儋州。唐懿宗（李璀）咸通三年（862）起，改屬嶺南西路。
至五代屬南漢（劉隱建、都廣州、轄嶺南），並因襲唐制。

　　宋太祖（趙匡胤）開寶五年（972）壬申，廢罷洛場縣，
其境地撥入昌化縣。宋神宗（趙頊）熙寧六年（1073）癸丑，
以儋州改名昌化軍，省昌化縣入宜倫縣。於神宗元豐三年
（1080）庚申，復置昌化縣，仍屬昌化軍。至南宋高宗（趙
構）紹興六年（1136）乙卯，廢昌化軍、萬安軍、吉陽軍，
其所屬各縣，均由瓊管安撫都監統領，屬廣南西路。於紹興
十四年（1144）甲子，復置昌化軍。宋理宗（趙昀）端平二

年（1235）乙未，將昌化軍改名南寧軍，仍領昌化縣。

　　元世祖（忽必烈）至元十五年（1278）戊寅，改爲瓊州路安撫司，隸湖廣行中書省。於至元十七年（1280）庚辰，置海北海南道宣慰司。元明宗（和世瓎）天曆二年（1329）己巳，改瓊州路爲乾寧軍民安撫司。於寧宗（懿璘質班）元統二年（1334）甲戌，改爲乾寧安撫司。順帝（妥懽帖睦爾）至正末（二十七）年（1367）丁未，改隸廣西行中書省。

　　明太祖（朱元璋）洪武元年（1368）戊申，改南寧軍爲儋州，昌化縣屬之。洪武三年（1370）庚戌，陞瓊州爲府，以儋州屬之。洪武九年（1376）丙辰，棄廣西行中書省，改爲廣東承宣布政使司，並析海北海南道宣慰司，置海南道於瓊州。明英宗（朱祁鎮）正統四年（1439）己未，以宜倫縣（儋州治地）入儋州，僅留昌化縣，屬瓊州府。

　　清世祖（福臨）順治九年（1652）八月，清兵渡瓊，建置因沿明制，於府外設按察司副使兼提學。清聖祖（玄燁）康熙十三年（1674）甲寅，改設雷瓊道。清德宗（戴湉）光緒三十一年（1905）乙巳，改置瓊崖道，升崖州爲直隸州，昌化縣屬之。

　　中華民國肇立，其建置仍舊，惟以昌化縣與浙江省縣名重複，乃於民國三年（1914）一月，改名昌江縣。於今爲黎族自治縣，治設石碌鎮。

# 九、陵水縣

　　夫陵水縣名，其來由有自。在唐虞三代乃揚越荒徼，秦末爲南越（象郡）外境，漢屬珠崖郡（古順潮縣）境地。

　　自漢武帝元封元年（110B.C），始以其地，開置珠崖（陵水地屬之）、儋耳二郡，屬交趾刺史部。漢昭帝始元五年（82B.C）己亥，罷儋耳併入珠崖郡。漢元帝初元三年（46B.C）乙亥，又廢珠崖郡置朱盧縣，屬合浦郡爲都尉治，仍隸交趾刺史部。東漢光武帝建武十九年（43）癸卯，省朱盧復置珠崖縣，屬合浦郡，仍督於交州。

　　三國時期，海南屬東吳統治。於吳大帝（孫權）赤烏五年（242）壬戌，復置珠崖郡，領徐聞（郡治，非海南境地）、朱盧、珠官三縣，屬交州。

　　晉武帝（世祖）太康元年（280）庚子滅吳，省珠崖入合浦郡，並改朱盧爲玳瑁縣，領縣有六：合浦、南平、蕩昌、徐聞（四縣非海南境）、珠官、玳瑁（二縣屬海南地），仍督於交州。

　　至南北朝，於宋文帝元嘉八年（431）辛未，復置珠崖郡（治設徐聞），屬交州。尋省入合浦郡，以朱盧、珠官二縣，屬越州。齊，沿宋制。梁武帝中大同年間（546）丙寅，於古儋耳地，置崖州，領縣仍舊，統於廣州（都督）。陳因梁制，仍屬廣州，統督崖州。

　　　　案：自漢元帝初元三年（乙亥），至三國、兩晉、南
　　　　　　（北）朝（宋、齊、梁、陳）等數代（46B.C～
　　　　　　588），其間六百二十四年，郡縣幾盡罷廢，海
　　　　　　南境內僅置朱盧、珠官二縣，附屬隸於合浦郡。

　　隋文帝開皇九年（589）己酉，仍屬崖州。隋煬帝大業三年（607）丁卯，始在海南境內，改崖州復置珠崖郡（領五縣、

治設義倫）。並析西南地置臨振郡，領五縣，治設寧遠（陵水境地）縣，屬揚州司隸刺史。

唐高祖武德五年（622）壬午，改郡爲州，以臨振郡改振州，析儋耳郡舊地，新置陵水縣（邑名始此），屬振州。唐太宗貞觀元年（627）丁亥，屬嶺南道。唐高宗龍朔二年（662）壬戌，增置萬安州（領四縣），以振州之陵水爲其一屬縣。唐玄宗開元九年（721）辛酉，萬安州治，徙置陵水縣，尋復遷原地（萬安縣）。於玄宗天寶五年（746）丙戌，以五州改五郡（萬安州爲萬安郡）。唐肅宗乾元元年（758）戊戌，以郡復改萬安州。唐懿宗咸通三年（862）壬午，改屬嶺南西道。

五代屬南漢（劉　隱建，都廣州，轄嶺南），對海南境州縣建置，初沿唐制。於乾和十五年（957）丁巳，廢罷萬安州之富雲、博遼二縣，以其部分境地併入陵水縣（仍屬萬安州）。

宋太祖開寶五年（972）壬申，陵水縣屬萬安州。宋太宗至道三年（997）丁酉，屬廣南西路。宋神宗熙寧六年（1073）癸丑，以萬安州改萬安軍，新置瓊管安撫司。宋徽宗宣和五年（1123）癸卯，改瓊管安撫都監。迨南宋高宗紹興六年（1136）丙辰，廢萬安軍，陵水縣歸瓊管安撫都監統領。於紹興十三年（1143）癸亥，復置萬安軍，陵水縣還隸，仍屬廣南西路。

元世祖至元十五年（1278）戊寅，改瓊管安撫都監爲瓊州路安撫司，屬湖廣行中書省。於至元十七年（1280）庚辰，置海北海南道宣慰司（介於省與路間承轉機構，係擇遠距京都或省治之地而設）。司治設在雷州，領瓊州路。至元二十八年（1291）辛卯，改爲瓊州路軍民安撫司。元明宗天曆二年（1329）己巳，改瓊州路爲乾寧軍民安撫司。元順帝至正二十七年（1367）丁未，改屬廣西行中書省。

明太祖洪武元年（1368）戊申，改萬安軍爲萬州，領萬寧、陵水二縣，屬海北海南道宣慰司、廣西行中書省。洪武三年（1370）庚戌，升瓊州爲府，以儋、萬、崖爲屬州，仍各領二縣。洪武九年（1376）丙辰，棄廣西行中書省，改屬廣東承宣布政使司，並析海北海南道宣慰司，置海南道（治設瓊州）。明英宗正統四年（1439）己未，以萬寧縣移入州治，陵水爲萬州屬縣，仍隸於瓊州府（海南道），屬廣東承宣布政使司。明憲宗成化中，遷縣治於南山所城。

清世祖順治九年（1652）壬辰八月，清兵渡海入瓊，建置沿襲明制，在府外設按察司副使兼提學。清聖祖康熙十三年（1674）甲寅，改置分巡雷瓊道。於康熙四十五年（1706）丙戌，裁提學。清世宗雍正八年（1730）庚戌，改爲分巡海南道加兵備銜。清高宗乾隆四年（1739）己未，改名分巡雷瓊兵備道。清德宗光緒三十一年（1905）乙巳，改置瓊崖道（以儋州爲瓊州府散州，降萬州爲萬縣），升崖州爲直隸州，領萬縣、陵水、感恩、昌化四縣，屬瓊崖道，隸於廣東。

中華民國肇立，廢州爲縣，瓊崖道依舊，統轄十三縣，屬廣東省都督府。迨民國十年（1921）辛酉，廢道制，改瓊崖區。於民國十一年（1922）至三十四年（1945）間，海南建置更變頻仍，諸如：瓊崖善後處（民國十一年壬戌置）、瓊崖行政委員會（民國十五年丙寅置）、廣東南區（瓊崖區）善後公署（民國十七年戊辰置）、瓊崖綏靖公署（民國二十二年癸酉置）、廣東第九區（瓊崖）行政督察專員公署（民

國二十五年丙子置）、廣東省政府主席駐瓊崖辦公處（民國
三十四年乙酉置），皆屬廣東省政府，其陵水縣建置仍舊。

　　案：民國二十四年（1935）乙亥，駐軍警衛旅旅長兼
　　　　瓊崖撫黎專員陳漢光將軍建議，就其瓊山、定
　　　　安、儋縣、昌江、感恩、崖縣、陵水、萬寧、樂
　　　　會、等九縣境內黎區，劃出七十二峒，分置樂東、
　　　　保亭、白沙三縣。

　　民國三十六年（1947）丁亥八月，行政院院務會議通過，
以瓊崖改海南特別行政區，直隸行政院。次年（1948）戊子，
行政院明令公佈，民國三十八年（1949）己丑四月一日，正
式成立行政長官公署，並設海南建省籌備委員會。其治設海
口市，轄管瓊山、文昌、澄邁、臨高、儋縣、定安、瓊東、
樂會、萬寧、陵水、崖縣、昌江、感恩、樂東、保亭、白沙
等十六縣一市。暨南海之東沙、西沙、中沙、南沙等諸群島。

　　民國三十九年（1950）四月，海南易幟，政制更變，陵
水縣名依舊，屬海南行政區，回隸廣東省。一九八八年（戊
辰）四月，建置海南省，陵水縣屬焉。於今爲黎族自治縣，
治設椰林鎮。

# 十、感恩縣

　　感恩縣之史名，來由久遠。在唐虞屬南交地，三代爲揚
越南裔，秦乃象郡之外徼，漢屬儋耳郡（九龍縣）境地。

　　緣自漢武帝元封元年（110B.C）辛未，始置儋耳郡，領
至來、九龍（前感恩縣境地）等縣，屬交趾刺史部。昭帝始

元五年（82B.C）己亥，省儋耳併入珠崖郡，仍屬交趾刺史部。於元帝初元三年（46B.C）乙亥，又罷珠崖郡，設朱盧縣屬合浦郡。至三國時期，乃吳之轄地，吳大帝（孫權）赤烏五年（242）壬戌，以陸凱爲儋耳太守，復置珠崖郡，領徐聞（非海南境地）、朱盧、珠官三縣。

　　晉武帝太康元年（280）庚子，廢罷珠崖郡，屬合浦郡，改朱盧爲玳瑁縣。於南朝時期，宋文帝元嘉八年（431）辛未，復置珠崖郡，尋省隸合浦郡，屬越州，齊因之。迨梁武帝中大同年間（546）丙寅，置崖州於儋耳境地，屬崖州，陳襲梁制。

　　隋煬帝大業三年（607）丁卯，改崖州爲珠崖郡，即漢之九龍縣故墟，析置感恩縣，屬揚州司隸刺史。唐高祖武德五年（622）置儋州，以感恩縣屬之。五代爲南漢（都廣州，轄嶺南）地，仍沿襲唐制，屬儋州。

　　宋太祖開寶五年（972）廢富羅縣，以儋州領感恩、昌化、宜倫三縣。於神宗熙寧六年（1073）癸丑，以瓊州爲瓊管安撫司，領州之屬縣，改儋、崖、萬三州爲軍，仍領縣以隸瓊管，省感恩爲鎮，併入宜倫縣。神宗元豐三年（1080）瓊管分屬廣南西路，四年（1081）置感恩縣屬昌化軍。宋徽宗崇寧五年（1106）丙戌，復置延德縣屬珠崖軍。徽宗大觀元年（1107）置鎮州，尋陞都督府，置鎮寧縣，改延德縣爲軍。徽宗政和元年（1111）廢鎮州，以其地歸瓊州，併延德軍爲感恩縣，隸昌化軍。至南宋高宗紹興六年（1136）丙辰，廢昌化軍隸瓊管安撫都監。於十四年（1144）置昌化軍，感恩縣屬之。迨理宗端平二年（1235）乙未，昌化軍更名南寧軍，縣隸如故。迄元代，仍因宋制，屬湖廣行中書省。於順帝至正末年（1367）丁亥，改隸廣西行中書省。

明太祖洪武元年（1368）戊申，改南寧軍爲儋州，統宜侖、昌化、感恩三縣。洪武三年（1370）庚戌，升瓊州爲府，崖州領寧遠、感恩二縣來屬。洪武九年（1376）丙辰，棄廣西行中書省，改廣東承宣布政使司，並析海北海南道宣慰司，置海南道於瓊州。於十九年（1386）丙寅，以知州李茂請改屬崖州，仍隸瓊州府，英宗正統四年（1439）己未，以崖州治之寧遠縣入崖州，獨領感恩縣，隸瓊州府。

清世祖順治九年（1652）八月，清兵渡海入瓊，其建置沿襲明制。於德宗光緒三十一年（1905）乙已，改置瓊崖道。并由兩廣總督岑春煊奏升崖州爲直隸州，以感恩、萬縣、陵水、昌化四縣屬之，尋復原隸瓊州。

中華民國肇立，廢州爲縣，海南建制變更頻繁。民國元年（1912）瓊崖道設道伊，十三縣統由道尹管轄。民國十年（1921）改瓊崖區，直隸廣東省。民國十八年（1929）己巳，瓊崖分置十四、十五兩巡察區，感恩縣屬十四區。於民國三十八年（1949）十二月（海南易幟前），土共以昌江縣與感恩縣合併爲昌感縣，一九五九年昌感縣撤銷，改稱東方縣，今名：東方市（直轄縣級市），治設八所鎮，隸海南省人民政府。

# （中華人民共和國）

一九四九年十月一日，中華人民共和國成立。一九五〇年五月，政局突變，海南易幟，改「海南特別行政區」為「海南行政區」，隸屬廣東省人民政府。迨一九八八年四月，中共宣布海南建省，成立海南省人民政府。近六十餘年以來，海南各縣市建置更迭頻繁，特分著如次，以供方家查考。

**海口市**：位於瓊島東北部，南渡江口，隔瓊州海峽與廣東雷州半島相望，而與文昌、瓊海市，暨定安、澄邁二縣毗連。宋代稱為海口浦，元代始置驛站，稱白沙站，設驛令、提領等官管理。明洪武二十年（1387）設千戶所，稱海口所。洪武二十八年（1395）開始築城，稱海口所城，為軍事要地。

清康熙二十三年（1684）在此置營，設都司（綠營軍官名，正四品武官）防守。咸豐八年（1858）六月二十七日，法國壓迫滿清政府，訂立〈中法天津條約〉，海口被開放為商埠。

中華民國肇立，於民國初年，置海口鎮，隸屬瓊山縣。民國十五年（1926）丙寅，改設海口市。

一九四九年十月一日，中華人民共和國成立後，沿用海口市（縣級），一九八六年五月三十一日，經國務院批准，升格為地級市。一九八八年四月十三日，經全國人代會第一次會議通過，決定海口市為海南省省會。市人民政府，駐龍華區。

**三亞市**：位於瓊島最南端，南臨南海，周圍與陵水、保亭、樂東等黎（苗）族自治縣接連。民國時期，稱爲崖縣。

漢武帝元封元年（110B.C）辛未，始在此置臨振縣，治所在今三亞市東北。隸珠崖郡，漢元帝初元三年（46B.C）廢。隋煬帝大業六年（610）庚午，又在此置寧遠，臨川縣和臨振郡。

寧遠縣，治所在今三亞市崖城鎮。北宋神宗熙寧六年（1073）廢，南宋高宗紹興六年（1136）復置，明英宗正統五年（1440）又廢。

臨川縣，治所在今三亞市東北。五代，南漢時廢。

臨振郡，治所在寧遠縣（今崖城鎮），轄境相當今三亞市與樂東、保亭等縣地。

唐高宗武德五年（622）壬午，改臨振郡爲振州。唐玄宗天寶元年（742）改延德郡，唐肅宗乾元元年（758）復改爲振州。宋太祖開寶五年（972）又改名崖州，宋神宗熙寧六年（1073）改爲朱崖軍，宋徽宗政和七年（1117）又改吉陽軍。明太祖洪武元年（1368）戊申，復改爲崖州。

中華民國肇造，於民國元年（1912）壬子，改稱崖縣。一九四九年十月一日，中華人民共和國成立後，仍沿崖縣，治所在今崖城鎮。一九五三年癸巳，遷往三亞鎮。一九五八年十一月，陵水、保亭縣併入崖縣（一九六一年六月，分出陵水、保亭縣），時崖縣隸屬海南黎族苗族自治州，一九八一年五月十九日，經國務院批准，以崖縣改爲三亞市（縣級）。一九八七年十二月三十一日，再經國務院批准，升格爲地級市，改隸於海南行政區，今屬海南省。

唐代，曾在此增設吉陽、落屯縣。分著如次：

吉陽縣，唐太宗貞觀二年（628）置，治所在今三亞市東北藤橋鎮。宋神宗熙寧六年（1073）廢，南宋高宗紹興六年（1136）復置，後又廢。

落屯縣，唐高宗永徽元年（650）置，治所在今崖城東北。五代，南漢時廢。

**五指山市**：原稱通什市，爲海南省直轄縣級市。位於瓊島中部，五指山西南麓（亦是保亭縣西北部阿陀嶺下小盆地），四周與瓊中、保亭、樂東、白沙四黎（苗）族自治縣毗連。一九四九年十月一日，中華人民共和國成立後，建通什鎮，作爲海南黎族苗族自治州首府。一九八六年六月十二日，經國務院批准，將通什鎮改爲通什市（縣級），以保亭、瓊中、樂東三縣部份區域，作爲通什市行政區域。一九八七年十二月三十一日，自治州撤銷後，通什市改隸海南行政區。二〇〇一年七月，更名爲五指山市，現屬海南省。於今五指山市街道寬闊，高樓林立，是一風景優美的山城，並成爲旅游觀光景點。

**瓊山縣**：位在瓊島東北部，南渡江下游，今併入海口市，稱瓊山區。於漢武帝元封元年（110B.C）辛未，始在此置瞫都、玳瑁縣和珠崖郡。

瞫都縣，治所在今瓊山區東南三十里，龍塘鎮珠崖嶺上。漢元帝初元三年（46B.C）乙亥，廢。

玳瑁縣，在今瓊山區府城鎮或美蘭區，漢初元三年（46B.C）廢。

珠崖郡，治所在瞫都縣（今瓊山區東南龍塘鎮），初祇管轄本島東部地區，漢昭帝始元五年（82B.C）己亥，將儋耳郡併入後，轄境擴及全島。

漢元帝初元三年（46B.C）乙亥，廢珠崖郡，改置朱盧縣，隸屬合浦郡（治所在今廣東徐聞縣南）。東漢光武帝建武十九年（43）癸卯，改朱盧縣爲珠崖縣，仍隸合浦郡（東漢時移治合浦縣，今廣西合浦縣東北）。三國時期，吳大帝赤烏五年（242）壬戌，置珠崖郡（治所在今廣東徐聞縣西），又改珠崖縣爲朱盧縣，隸屬珠崖郡。晋武帝太康元年（280）廢珠崖郡，改朱盧縣爲玳瑁縣，隸合浦郡。

南北朝時，南朝宋文帝元嘉八年（431）辛未，又改玳瑁縣爲珠崖縣（一說爲朱盧縣），仍隸合浦郡，至梁時廢。隋代先後在此地置武德、顏盧、舍城縣和珠崖郡。

武德縣，隋初置，治所在今瓊山區東南，唐初廢。

顏盧縣，隋煬帝大業三年（607）置，治所在今瓊山區東。唐太宗貞觀元年（627）改名顏城縣，唐玄宗開元後廢。

舍城縣，隋大業六年（610）置，治所在今瓊山區東南，宋神宗熙寧四年（1071）廢。

珠崖郡，隋大業六年（庚午）置，治所在舍城縣（今瓊山區東南）。唐武德五年（622）改爲崖州，天寶元年（742）又改爲珠崖郡，乾元元年（758）復名崖州。宋太祖開寶五年（972）壬申，廢。

唐代，亦在此地增設瓊州，暨顏羅、瓊山縣，分著如次，以供查考。

瓊州，唐太宗貞觀五年（631）置，治所在瓊山縣（今瓊山區東南）。貞觀十三年（639）廢，尋又復置。唐玄宗天寶元年（742）壬午，改爲瓊山郡。唐肅宗乾元元年

（758）戊戌，又改爲瓊州。五代、兩宋，沿用之。元世祖至元十五年（1278）改爲瓊州路安撫司，至元二十八年（1291）改爲瓊州路軍民安撫司，元明宗天曆二年（1329）改爲乾寧軍民安撫司。明太祖洪武元年（1368）十月改爲瓊州府，洪武二年（1369）降爲瓊州，洪武三年（1370）復升爲瓊州府，統轄全島區域。中華民國肇造，民國元年（1912）壬子，廢。

顏羅縣，唐太宗貞觀十三年（639）置，治所在今瓊山區南，唐末廢。

瓊山縣，唐貞觀元年（627）置，治所在今瓊山區東南，唐高宗乾封（666～667）後廢。唐德宗貞元五年（789）復置。宋神宗熙寧四年（1071）辛亥，移治今府城鎮。明太祖洪武二年（1369）廢，洪武三年（1370）復置。中華民國肇造，沿用瓊山縣。民國三十九年（1950）五月，海南易幟。中華人民共和國成立後，仍設瓊山縣，縣人民政府駐府城鎮，隸屬海南行政區，一九五九年曾併入海口市，一九六〇年析出復置瓊山縣。今又併入海口市，稱：瓊山區。

**文昌市**：原爲文昌縣，位在瓊島東北部，北靠瓊州海峽，東南瀕臨南海，西部毗連海口市、定安縣，西南部與瓊海市接壤。於漢武帝元封元年（110B.C）辛未，始在此開置紫貝縣，治所在今文昌市西南文城鎮，隸屬珠崖郡。漢元帝初元三年（48B.C）癸酉，廢。唐高祖武德五年（622）壬午，又在此置平昌縣，治所在今文昌市西北，隸屬崖州。唐太宗貞觀元年（627）丁亥，改名文昌縣。元文宗至順二年（1331）辛未，移治今文城鎮。迨中華民國肇造，建置更迭頻繁，唯文昌縣建制仍舊。一九五〇年五月，政局逆變，海南易幟。中華人民共和國成立後，仍置文昌縣，隸屬海南行政區，縣人民政府駐文城鎮。今名文昌市，爲海南省直轄縣級市。

**瓊海市**：海南省直轄縣級市，位於瓊島東部，萬泉河下游，瀕臨南海，周遭與萬寧市、瓊中、屯昌、定安縣、文昌市相接壤。唐代，始在此置容瓊、樂會縣，分著如次：

容瓊縣，唐太宗貞觀十三年（639）置，治所在今瓊海市西，於唐德宗貞元七年（791）廢。

樂會縣，唐高宗顯慶五年（660）置，治所在今瓊海市東北。於乾封後廢，唐德宗貞元五年（789）復置。北宋時移治今瓊海市東南，元世祖至元二十四年（1287）又遷治今瓊海市東北海濱處，元成宗大德六年（1302）始移治今瓊海市東南樂城。中華民國肇造（1912），至中華人民共和國成立（1949/10.1）後，樂會縣仍舊。

元世祖至元二十九年（1292）壬辰，始析樂會縣西北境地，置會同縣於永安都烏石埇（今瓊海市北）。元仁宗皇慶元年（1312）壬子，遷治今瓊海市東北。中華民國肇造，以與湖南省會同縣名重複，於民國三年（1914）一月，改名瓊東縣。中華人民共和國成立之初，瓊東縣建置仍舊。一九五八年十二月，由瓊東、樂會、萬寧三縣，合併爲瓊海縣，縣人民政府駐嘉積鎮，隸屬海南行政區。次年（1959）十一月，萬寧分出獨成一縣。

**萬寧市**：海南省直轄縣級市，位在瓊島東南部，瀕臨南海，西連瓊中縣，東南鄰陵水縣，北與瓊海市接壤。唐代始在此置萬安、富雲、博遼縣和萬安州，分著如次：

萬安縣，唐太宗貞觀五年（631）置，治所在今萬寧市北，初隸瓊州。唐高宗龍朔二年（662）壬戌，改屬萬安州。唐肅宗至德二年（757）改名萬全縣，於乾元元年（758）又改爲萬安縣。北宋初改名萬寧縣，移治今萬寧市萬城鎮。南宋高宗紹興十三年（1143）癸亥，復名萬安縣。迨明英宗正統五年（1440）庚申，廢。

富雲縣，唐貞觀五年（631）置，治所在今萬寧市西，唐末廢。

博遼縣，唐貞觀五年（631）置，治所在今萬寧市南，唐末廢。

萬安州，唐龍朔二年（662）置，治所在萬安縣（今萬寧市北），轄境相當今萬寧市、陵水縣。唐玄宗開元九年（721）辛酉，徙治陵水縣（今陵水縣東北）。於天寶元年（742）改名萬安郡，唐肅宗至德二年（757）又改爲萬全郡，乾元元年（758）復名萬安州，唐德宗貞元元年（785）治所移還萬安縣（今萬寧市北）。北宋神宗熙寧七年（1074）改爲萬安軍，治所在萬寧縣（今萬城鎮）。南宋高宗紹興六年（1136）廢，紹興十三年（1143）復置，治所在萬安縣（今萬城鎮）。明太祖洪武元年（1368）改爲萬州，迨清德宗光緒三十一年（1905）降爲縣，稱萬縣。

中華民國肇造，以縣名與四川省萬縣重複，於民國三年（1904）復改名爲萬寧縣。一九四九年十月一日，中華人民共和國成立後，仍設萬寧縣，縣人民政府駐萬城鎮，隸屬海南行政區。一九五九年曾併入瓊海縣，次年（1960）析出復設萬寧縣。於今改名爲萬寧市，隸屬海南省。

**儋州市**：海南省直轄縣級市，位於本島西北部，北門江流域。瀕臨北部灣，四周與臨高、澄邁、瓊中、白沙、昌江諸縣毗連。漢武帝元封元年（110B.C）辛未，始在此置儋耳縣和儋耳部，分著如次，以供查考。

儋耳縣，治所在今儋州市西北南灘。漢昭帝始元五年（82B.C）己亥，廢。

儋耳郡，治所在儋耳縣（今儋州市西北南灘），管轄瓊島西部地區。漢始元五年（82B.C）廢，其轄地併入珠崖郡。

南北時期，南朝・梁武帝大同年（535～546）間，又在此置義倫縣、珠崖郡和崖州，分著如次：

義倫縣，治所初設在今儋州市西北南灘，隋末遷治今儋州市西北中和鎮。宋太宗太平興國五年（980）改名宜倫縣，明英宗正統五年（1440）廢。

崖州，治所在義倫縣（今儋州市西北），隋初廢。

珠崖郡，治所在義倫縣（今儋州市西北），隋初廢。隋煬帝大業初復置，於大業六年（610）改爲儋耳郡。唐高祖武德五年（622）改爲儋州，唐玄宗天寶元年（742）改昌化郡，唐肅宗乾元元年（758）復名儋州。

宋神宗熙寧六年（1073）改爲昌化軍，治所在宜倫縣（今儋州市西北中和鎮），南宋高宗紹興五年（1135）廢。於紹興十四年（1144）復置，南宋理宗端平二年（1235）改爲南寧軍。明太祖洪武二年（1369）己酉，復改儋州。

中華民國肇造，於民國元年（1912）廢州爲縣，改稱儋縣。中華人民共和國成立後，仍設儋縣，隸屬海南行政區，縣人民政府初駐中和鎮，一九五八年移治那大鎮，今稱：儋州市，海南省直轄縣級市。

> 案：唐肅宗乾元（758～760）後，在此增設洛場縣，治所在今儋州市西北。於宋太祖開寶五年（972）壬申，廢。

**東方市**：海南省直轄縣級市，原爲東方縣，前身感恩縣。位在瓊島西部，昌化江下游，瀕臨北部灣，而與昌江和樂東黎族自治縣毗連。

漢武帝元封元年（110B.C）辛未，始在此置九龍縣，治所在今東方市感城鎮東北，隸屬儋耳郡，漢昭帝始元時廢。隋煬帝大業六年（610）置感恩縣，治所在今東方市南感城，宋神宗熙寧六年（1073）廢。於元豐四年（1081）辛酉，復置感恩縣。大觀元年（1107）丁亥，又增設鎮寧縣和鎮州。

鎮寧縣，治所在今東方市東南廣壩，後廢。

鎮州，治所在鎮寧縣（今東方市東南廣壩），宋徽宗政和元年（1111）廢。

明神宗萬曆九年（1581）感恩縣移治今感城東，於萬曆十五年（1587）後，復遷治今感城。迨一九五〇年感恩縣與昌江縣合併爲昌感縣，一九五二年由昌感、樂東、白沙三縣析置東方縣。一九五九年東方、昌感、白沙三縣合併，仍稱東方縣。一九六一年六月，重新分置東方、昌江、白沙三縣。東方縣人民政府駐八所鎮，隸屬海南黎族苗族自治州。一九八七年十二月三十一日，改名東方黎族自治縣，改隸海南行政區，今爲海南省直轄縣級市。

　　**澄邁縣**：本縣在瓊島北部，南渡江中游。北瀕臨瓊州海峽，東與海口市、定安縣交界，南與屯昌縣、瓊中黎族苗族自治縣相鄰，西與臨高縣、儋州市接壤。

　　漢武帝元封元年（110B.C）辛未，始在此置苟中縣，治所在今澄邁縣東，隸屬珠崖郡。漢元帝初元三年（46B.C）乙亥，廢。隋煬帝大業三年（607）置隆邁縣，治所在今澄邁縣東北老城鎮，迨唐睿宗景雲二年（711）辛亥，以隆邁改名澄邁縣。是後，歷代沿用迄今。

　　中華民國肇造後，始移治今澄邁縣金江鎮。一九四九年十月一日，中華人民共和國成立後，仍設澄邁縣，縣人民政府駐金江鎮，隸屬海南行政區。一九五八年十二月，臨高縣曾並入。一九六一年五月，又析出臨高縣，今屬海南省。

　　案：唐貞觀十三年（639）己亥，又在此增設曾口縣，
　　　　治所在今澄邁縣東南。唐高宗乾封年（666～667）
　　　　間廢，唐德宗貞元（804）後復置，至五代南漢
　　　　時期又廢。

　　**臨高縣**：位在瓊島北部，瀕臨北部灣與瓊州海峽間，東與澄邁縣毗連，西與儋州市接壤。隋煬帝大業年（605～618）間，始在此置毗善縣，治所在今臨高縣西北。唐高祖武德五年（622）改名富羅縣，五代南漢時期廢。

　　唐武德五年（622）壬午，又置臨機縣，治所在今臨高縣東北。唐玄宗開元元年（713）癸丑，改名爲臨高縣。北宋時期移治今臨高縣西南，南宋紹興二年（1132）遷治今臨高縣臨城鎮。

一九四九年十月一日，中華人民共和國成立後，仍設臨高縣，縣人民政府駐臨城鎮，隸屬海南行政區。一九五八年底曾併入澄邁縣，一九六一年五月析出復設臨高縣，於今隸屬海南省。

**定安縣**：位在瓊島東北部內陸，南渡江中游南岸，東毗文昌市，西界澄邁、屯昌二縣，南及東南鄰瓊海市，北接海口市。唐懿宗咸通五年（864）甲申，始在古瓊山縣南境黎峒置忠州，治所在今定安縣西南峒，旋廢。

元世祖至元二十九年（1292）六月，置定安縣，治所在今定安縣定城鎮。元文宗天曆二年（1329）三月，改置南建州。明太祖洪武元年（1368）廢南建州復改名為定安縣，屬瓊州轄地。迄一九四九年十月一日，中華人民共和國成立後，仍設定安縣，縣人民政府駐定城鎮，隸屬海南行政區。一九五八年底，曾與屯昌縣合併為定昌縣。一九六一年析出復設定安縣，於今隸屬海南省。

**屯昌縣**：位在瓊島中部，東連定安縣、瓊海市，西南依瓊中黎族苗族自治縣，西北靠澄邁縣。本縣係中華人民共和國新設縣份，於民國三十六年（1947）間，土共蘇維埃區，由瓊山、定安、澄邁三縣析置新民縣。一九五二年改稱屯昌縣，縣人民政府駐屯昌鎮，隸屬海南行政區。一九五八年底曾與定安縣合併為定昌縣，一九六一年析出復置屯昌縣，於今隸屬海南省。

**陵水縣**：位在瓊島東南部，東北與萬寧市交界，西南與三亞市毗鄰，西與保亭黎族苗族自治縣接壤，北與瓊中黎族苗族自治縣相連，東南瀕臨南海。

隋煬帝大業三年（607）丁卯，始開置臨振郡，治設寧遠縣（今陵水境地）。唐高祖武德五年（622）壬午，以臨振郡改振州，並析儋耳郡舊地，新置陵水縣（邑名始此），屬振州。唐高宗龍朔二年（622）壬戌，改屬萬安州。

宋神宗熙寧七年（1074）辛亥，改爲陵水鎮，併入萬寧縣。於元豐三年（1080）復置陵水縣，治所仍在今陵水縣東北。明英宗正統年（1436～1449）間，移治今陵水縣城（陵城鎮）。

一九四九年十月一日，中華人民共和國成立後，仍設陵水縣。一九五八年曾併入崖縣（今三亞市），一九六一年析出復設陵水縣，縣人民政府駐陵城鎮，隸屬海南黎族苗族自治州。一九八七年十二月三十一日，改名陵水黎族自治縣，改隸海南行政區，今屬海南省。

**昌江縣：**位在瓊島西部，昌化江下游，東連白沙黎族自治縣，南倚樂東黎族自治縣，西南與東方市以昌化江爲界對峙，東北依珠碧江同儋州市毗鄰，西北瀕臨北部灣。

漢武帝元封元年（110B.C）辛未，始在此開置至來縣，治所在今昌江縣昌化鎮東南，隸屬儋耳部。漢昭帝始元五年（82B.C）乙亥，廢。隋煬帝大業三年（607）丁卯，又在此置吉安縣和昌化縣，分著如次：以供查考。

吉安縣，治所在今昌江縣昌化鎮北，唐初廢。唐太宗貞觀元年（627）復置，於唐肅宗乾元後又廢。

昌化縣，治所在今昌江縣昌化鎮東南，宋神宗熙寧六年（1073）廢。於元豐三年（1080）復置，移治今昌江縣昌化鎮南江洲中。明英宗正統年（1436～1449）間，又遷治今昌化鎮。

中華民國肇造，建置仍舊。惟以昌化縣名與浙江省昌化縣重複，乃於民國三年（1914）一月，改名爲昌江縣。一九四九年十月一日，中華人民共和國成立。一九五〇年，與感恩縣合併爲昌感縣。一九五九年昌感縣併入東方縣，一九六一年析出復置昌江縣，縣人民政府駐石碌鎮，隸屬海南黎族苗族自治州。一九八七年十二月三十一日，改爲昌江黎族自治縣，改隸於海南行政區，今屬海南省。

**白沙縣：**是縣位在瓊島中部偏西，南渡江上游，東與瓊中黎族自治縣毗鄰，南與五指山市、樂東黎族自治縣交界，西與昌江黎族自治縣接壤，北與儋州市相連。

民國二十四年（1935）四月始建白沙縣。所轄區域，乃分自儋縣、昌江、感恩、陵水、定安、崖縣、瓊山七縣境內黎區二十四峒，以白沙爲縣治。一九四九年十月一日，中華人民共和國成立後，一九五九年併入東方縣，一九六一年析出復設白沙縣，縣人民政府駐牙叉鎮，隸屬海南黎族苗族自治州。一九八七年十二月三十一日，改名白沙黎族自治縣，改隸於海南行政區，今屬海南省。

**樂東縣：**本縣位在瓊島西南部，昌化江中游，瀕臨北部灣，東連五指市、保亭黎族苗族自治縣，東南與三亞市交界，東北與白沙、昌江黎族自治縣接壤，西北與東方市毗鄰。隋煬帝大業六年（610）庚午，始開置延德縣，治所在今樂東縣西南黃流、白沙之間。五代十國，南漢時廢。宋徽宗崇寧五年（1106）復置，大觀元年（1107）改爲延德軍，並增置通遠縣，治所在延德縣舊治。政和元年（1111）辛卯，延德軍和通遠縣俱廢。

　　中華民國肇造，於民國二十四年（1935）四月，置樂東縣。所轄區域，乃分自昌江、感恩、崖縣三縣境內黎區十八峒，置樂安縣，以樂安爲縣治。惟以樂安縣名，查與江西省樂安縣相同，故改稱樂東，以免重複。

　　一九五〇年五月，海南政局逆變後，仍設樂東縣，縣人民政府駐抱由鎮，隸屬海南黎族苗族自治州。一九八七年十二月三十一日，改名樂東黎族自治縣，改隸海南行政區。一九八八年四月十三日，宣布海南建省，今屬海南省。

　　**瓊中縣**：位在瓊島中部，五指山東北麓，東連瓊海、萬寧二市，南接陵水黎族自治縣、保亭黎族苗族自治縣，西鄰五指山市、白沙黎族自治縣，北瀕儋州市、澄邁縣、屯昌縣。

　　瓊中縣是新設縣份，一九五二年五月，由保亭、白沙、萬寧、屯昌、定安、樂會六縣，析置瓊中縣，縣人民政府駐營根鎮，隸屬海南黎族苗族自治州。一九八七年十二月三十一日，改名瓊中黎族苗族自治縣，改隸海南行政區。一九八八年四月十三日，中共宣布海南建省，於今屬海南省。

　　**保亭縣**：是縣位在瓊島南部內陸、五指山南麓，東接陵水黎族自治縣，南連三亞市，西毗樂東黎族自治縣，北倚五指山市、瓊中黎族苗族自治縣。

　　民國二十四年（1935）四月，始建保亭縣。所轄區域，原屬崖縣、陵水、萬寧、樂會、定安五縣境內黎區三十峒，新置保亭縣，以保亭爲縣治。於民國三十九年（1950）五月，海南易幟後，仍設保亭縣，治所在今保城鎮。

　　一九五八年曾併入崖縣，一九六一年六月析出復設保亭縣，縣人民政府駐保城鎮，隸屬海南黎族苗族自治州。一九八七年十二月三十一日，改名保亭黎族苗族自治縣，改隸海南行政區。一九八八年四月十三日，中共宣布海南建省，今屬海南省。

**三沙市**：海南省直轄地級市，位在西沙群島永興島（距三亞市南邊約一百八十浬），乃中國最南端的海上城市（郵編：579199）。

三沙市，前身爲「西、南、中沙工作委員會」，於一九五九年成立，寄身於崖縣的三亞。屬海南行政區、隸廣東省人民政府。

二〇一二年六月二十一日，正式公佈成立「三沙市」（七月二十四日正式掛牌），成爲中國第三三四個地級市，管轄區域：西沙、中沙、南沙群島。市人民政府，駐西沙群島永興島，隸海南省人民政府。

# 卷之末　結　語

　　海南史名，來由有自。緣自"三亞人"在島上活動，於漢武帝時期，亦已在島上建置地方政權。由於本島遠處南溟，兼以中國歷代封建王朝不予重視，致使世人多認爲蠻荒之地，乃成爲中央政權放逐政敵與罪犯場所。

　　然"海南"（或作：南海）一詞，於先秦古籍中，有南海而無海南。其實在古籍中"海南"兩字，有名詞與非名詞之分，并非皆指今海南島。

　　非名詞之"海南"，最早見於《史記》（封禪書）：「二世元年，東巡碣石，并海南，歷泰山，至會稽。」是"碣石"（在今河北省昌黎縣北）、"泰山"（即今山東省境內泰山），皆係山名。於是顯見，是"海"，顯係指今渤海。所謂"并海南"，意即船沿著渤海向南航行。

　　又《後漢書》（袁安傳）載：「後孫策破會稽，忠（袁忠）等浮海南投交趾。」是"會稽"、"交趾"，皆爲郡名。東漢末年，會稽郡治在山陰（今浙江紹興），交趾郡治在龍編（今越南河北省仙游東）。於是顯示，所謂"浮海南交趾"，其意，係從會稽海岸上船，沿著今東海、臺灣海峽、南海、瓊州海峽和北部灣海道航行，向西南投奔交趾。

　　綜而窺之，是"海南"兩字，皆非地理專有名詞，可用逗點分開，即如：「并海，南歷泰山」。「浮海，南投交趾」。
在漢代後之史書，仍常見是類"海南"。諸如：《三國志・
吳書・薛綜傳》：「時交土初開，刺史呂岱率師討伐，綜與
俱行，越海南征。」又《宋書・武帝紀上》載：「循（盧循）
浮海南走」，《北史》（卷九三）：「婆利國，自交趾浮海
南過赤土、丹丹，乃至其國。」於《宋史・外國傳五・占城》
載：占城，「泛海南去三佛齊，五日程。」……

　　屬於地理專有名詞之"海南"，始見於東漢・劉熙《釋
名》（卷二・釋州國）：「南海，在海南也。宜言海南，欲
同四海名，故言南海。」清・王先謙《釋名疏證補》引畢沅
曰：「南海郡在交州，與中國隔海，是在海南也。」秦漢兩
代，南海郡治在番禺（今廣州市番禺區），轄境相當於廣東
省大部，所面臨海域即今南海。於是顯示，劉熙《釋名》所
載"海南"，當是指今南海北部沿岸地區。

　　諸如是類"海南"一詞，如《三國志・吳書・呂岱傳》：
「表分海南三郡爲交州，……」清・胡三省注：「海南三郡、
交趾、九真、日南也。」此三郡，皆在今越南境內。是"海
南"，當指今越南地區。

　　晉代，《齊民要術》（卷十）檳榔條，引文：〈俞益期
與韓康伯箋〉曰：「檳榔，信南游之可觀，……性不耐霜，
不得北植，必當遐樹海南。遼然萬里，弗遇長者之目，自令
人恨深。」是"海南"所指地域，雖不明顯，惟據《晉書》
（卷七五・韓伯傳）、《世說新語》（德行第一）范宣條・
韓康伯、即韓伯，曾任東晉豫章太守。

　　關於俞益期，據《水經注》（卷三六・溫水）、《安南

志略》（卷十・歷代羈臣・俞益期）：「豫章人，性剛直，
不能從俗，遠適日南。」清・王謨《南方草木狀題識》：「時
有豫章俞益期流寓交州，與豫章太守韓康伯書，論檳榔以寄
況，世謂之〈交州箋〉。」既然俞益期是從交州日南郡，致
函豫章太守韓康伯，則信中"海南"，顯然是指今之越南地
區耶。

　　南朝時期，"海南"一詞，漸多見諸史籍。諸如：《梁
書・海南諸國列傳》，暨《南史・海南諸國列傳》皆載：「海
南諸國，大抵在交州南及西南大海州上，相去近者三、五千
里，遠者二、三萬里，其西與西域諸國接……今採其風俗粗
著者，綴爲海南傳云。」

　　按南朝時期，交州治所在交趾郡龍編縣（今越南河內市
東），轄境南界於劉宋時至橫山（今越南義靜省境內）。於
是顯示，是"海南"當然係指今越南橫山以南，至南海西南
沿岸地區。

　　又《北史》（卷九一・譙國夫人傳）：「梁武帝時，高
涼郡冼夫人，爲嶺南俚族首領，海南儋耳歸附者千餘洞。」
是"儋耳"當爲部族名，係指海南島西部黎族先民。於先秦
時期，是地區有所謂"離耳國"或"儋耳國"（見《山海經・
海內南經》及注、《水經・溫水注》載）。至於"洞"，亦
作"峒"，係指海南島黎族部落組織。如《宋會要輯稿》（刑
法二・禁約）載：「海上四州，不得遣人入黎峒買香。」又
《諸蕃國》（卷下・海南）云：「黎峒落日以繁滋，不知其
幾千百也。咸不統屬，峒自爲雄長。」綜而觀之，是文"海
南"，當係指今之海南省。於史籍上，"海南"一詞，特指

本島者，當以此爲最早。

　　梁・任昉《述異記》（卷下）：「桂林有睡草，見之則令人睡。一名：醉草，亦呼爲懶婦箴。又出海南地記。」是"桂林"，當係指桂林郡。其治所，於南朝：劉宋時期是在中淄縣（今廣西武宜縣西南），蕭齊時期移至武熙縣（今廣西柳州市東南）。其"桂林有睡草"，既然又出於"海南地記"，故是"海南"，當係指今廣西地區。

　　隋，唐兩代，"海南"一詞，史書記載，游移不定，其含義，大致有五，分著如次：

　　一指今越南地區，如《新唐書》（丘和傳）、《元和郡縣圖志》（嶺南道五・陸州）、《全唐文》（唐玄宗〈賜林邑國王建多達摩書〉卷四〇）、《舊唐書》（懿宗紀）、《新唐書》（卷二〇七・楊思勖傳）諸書，所載"海南"，皆係指今越南地區。

　　二指今越南中部以南至南海西南沿岸地區，如《舊唐書・地理志四》（安南都護府・宋平縣）、《通典》（邊防四・南蠻下）、《新唐書》（西域傳上）、《資治通鑑》（卷二一一）諸書，所載"海南"皆是。

　　三指今海南省，如《太平廣記》（卷七八・方士三）王山人條，引《松窗錄》、《輿地紀勝》（卷九八・南恩州）風俗形勝條，引唐・房千里《投荒雜錄》諸書，所載"海南"，係指今之海南省。

　　四指今南海與南海北部沿岸地區，如《舊唐書》（卷一八七・王義方傳）載：唐貞觀年間，王義方「坐與刑部尙書張亮交通，貶爲儋州吉安丞。行至海南，舟人將以酒脯致祭。

義方曰：“黍稷非馨，義在明德。”乃酌水而祭，爲文曰：
“思帝鄉面北顧，望海浦而南浮……”時當盛夏，風濤蒸毒，
既而開霽，南渡吉安。」所載，行至“海南”，即是指今南
海與南海北部沿岸地區。

五指嶺南地區，如《舊唐書》（僖宗紀）：「乾符六年
（879）四月，黃巢陷桂管。五月，黃巢陷廣州，大掠嶺南郡
邑。廣明元年（880）春正月，上御宣政殿，制曰：竊弄干戈，
連攻郡邑，雖輸降款，未息狂謀。江右、海南，瘡痍既甚，
湖湘、荊漢，耕織屢空。」是“海南”，當係指嶺南地區。

宋代，“海南”一詞，含義漸趨穩定，大都指今海南省，
分著如次：

《宋會要輯稿》（方域七、刑法二、食貨十七）、《嶺
外代答》（卷二・海外黎蠻、卷十・繡面）、《諸蕃志》（卷
下・海南）、《桂海虞衡志》（志器）、蘇軾《和陶淵明詩》
（和勸農并序、和止酒并引）、范正敏《遯齋閑覽》（海南
人情不惡）條、陸游《老學庵筆記》：「海南儋、崖諸郡，
出勒竹杖。」又《宋史》（高宗紀、蘇軾傳、食貨志上、蠻
夷傳三・黎峒）諸書，所載“海南”，顯然係指今海南省，
毋庸置疑也。

然宋代“海南”一詞，亦有非指今之海南本島者，分著
於次：如《萍洲可談》（卷二）：「海南諸國，各有酋長，
三佛齊最號大國……是國正在海南。」

又《宋會要輯稿》（食貨五十五）：「太平興國中，以
先平嶺南及交趾，海南諸國連歲入貢，通關市。」於〈刑法
二・禁約〉：「御史中丞李之純言……海南諸蕃販真珠至諸

路市舶司者，抽解一二分入官外，其餘賣與民間。」

宋・陳敬《陳氏香譜》（卷一）載：「《香品舉要》云：香最多品類，出交廣崖州及海南諸國。」

於《宋史》（食貨志下）：「雍熙中，遣內侍八人賫敕書、金帛，分四路招致海南諸蕃。」

綜而言之，是"海南"，顯然皆指今南海西、南部沿岸地區。所謂"海南"諸國，當即今南洋各國。

然《續資治通鑑長編》：「慶曆六年（1046）十月，御史中丞張方平言：……海南交趾氣焰漸張，路接邕、容，頗連溪峒，南方之事理湏經略。」是"邕"係指邕州，治所在今廣西南寧市。"容"係指容州，治所在今廣西省容縣。按邕、容二州地域，與今越南北部相連。故是"海南"，當係指今越南地區。

宋代之後，"海南"一詞，指今海南島者，益加普遍，分著如次：

《元史》（世祖紀七）：「至元十六年（1279）春正月，詔：以海南瓊、崖、儋、萬諸郡俱平，令阿利海牙入覲。」〈世祖紀九〉：「至元二十年（1283）春，海南四州宣慰使朱國寶請益兵討占城。」〈世祖紀十四〉：「至元二十九年（1292）六月，敕：以海南新附四州洞寨五百一十九，民二萬餘戶置會同、定安二縣。至元三十年（1293）八月，湖廣行省臣言：海南、海北多曠土，可立屯田。」又〈英宗紀一〉：「至治元年（1321）五月，遷親王圖帖穆爾於海南。」於〈文宗紀三〉：「至順元年（1330）一月，賜海南大興龍普明寺鈔萬錠，市永業地。」又〈文宗紀四〉：「至順二年（1331）

七月，海南黎賊作亂。十一月，隆祥司使晃忽兒不花言：海南所建大興龍普明寺工費浩繁，黎人不勝其擾，以故爲亂。」

《明太祖實錄》（卷四三）：「洪武二年（1369）六月，以廣西海南、海北府州隸廣東省。」又（卷五五）載：「洪武三年（1370）八月，海南盜陳志仁、林公望等攻陷陵水等縣，官軍討捕之。」於（卷九一）載：「洪武七年（1374）七月，海南羅屯等峒黎人作亂，千戶周旺等討平之。」

《明史》（太祖紀）：「洪武元年（1368）六月，海南、海北諸道降。」又（卷二一二・俞大猷傳）：「瓊州五指山黎那燕擴感恩、昌化諸黎共反……大猷乃單騎入峒，與黎定要約，海南遂安。」

明・顧岕《海槎餘錄》：「馬產於海南者極小」、「海南地多燠少寒，木葉多夏常青。」、「海南之田凡三等」、「檳榔產於海南，惟萬、崖、瓊山、會同、樂會諸州縣爲多，他處則少。」

明・唐冑《正德　瓊臺志》（公署）府治條：「海南地限大海以自立」。

明・郭棐《粵大記》（卷三・事紀類・廖永忠平粵）：「十二月，耿天璧取海南、海北州縣，嚴州衛指揮同知統本衛軍征海南，克南寧、儋、萬等州。」（洪武元年）

明・王佐《雞肋集》（進珠崖錄表）：「伏睹太祖玉音，嘗稱海南爲南溟奇甸。」

清・屈大均《廣東新語》（卷二六）沈香條：「故語曰：海南多陽，一木五香。海南以萬安黎母山東峒爲勝。」又（卷二五）海南文木條：「海南五指之山，爲文木淵藪。」

　　清・仇巨川《羊城古鈔》（卷五・名宦・廖永忠）：「明洪武元年（1368）四月平廣州，諸郡縣望風來歸。及招諭海南，無不響應。」

　　越南・鄭懷德《嘉定城通志》（卷四・風俗志・五鎮風俗）云：「藩安鎮士重名節，俗尚奢華，文物、服舍、器用，多與中國同……多通福建、廣東、潮州、海南（原注：俗稱瓊州府爲海南）、西洋、暹羅，諸國音語。」

　　綜而言之，是"海南"，顯然都是指今海南省耶。然自元至清代，"海南"一詞，由於受傳統影響，仍有非指今之海南省。諸如：

　　元・王禎《農書》（卷十・百穀譜・雜類）：「木棉，一名吉貝……其種本南海諸國所產。」又（卷二一・農器圖譜・續絮門）：「夫木棉，產自海南。」

　　《元史》（世祖紀八）：「至元十八年（1281）八月，海南諸國來貢象、犀、方物。」又（世祖紀十）：「至元二十一年（1284）九月，海南貢白虎、獅子、孔雀。」於（成宗紀三）：「大德三年（1299）五月丙申，海南速古臺、速龍探、奔奚里諸蕃，以虎象及梭櫚木舟來貢。」

　　清・穆彰阿奉敕重修《嘉慶大清一統志》（卷五五三・越南）：「越南，海南諸國地。」又（卷五五七・廣南）：「廣南，海南國，在西西隅……其國東接越南，西鄰占城，南濱海，北至緬甸，西北距暹羅。國中有大山，海包其外，形似半月，名曰廣南灣。」

　　徐繼畬《瀛寰志略》（卷二・南洋各島）：「海南饒沃之土，以噶羅巴爲最，荷蘭以詭謀取之，遂致富強。」又「由廈門趨七洲洋，用未針指西南，過昆侖，越茶盤，歷水程二百八十更，而抵葛羅巴。」

綜而窺之，諸書所載"海南"，大都是指今南海西、南部沿岸地區，顯與今之海南省無關。

迨民國初年，"海南"一詞，始專指今之海南島。分著於次：

孫中山《瓊州改設行省理由書》：「夫以中國之大，僅有臺灣及海南二大島。」又「臺灣既去，海南之勢甚孤。」

陳銘樞《海南島志》（沿革）：「海南島，處廣東省極南，國人通稱曰：海南。」

諸相關史籍，記載"海南島"名稱者，肇始於宋代，分著如次：

宋・晁公武《郡齋讀書志》（卷四下・別集類下）：「洪覺範《筠溪集》十卷，右皇朝僧惠洪覺範，姓喻氏，高安人。少孤，能緝文。張天覺聞其名，請往峽州天寧寺，以爲今世融肇也。未幾，坐累民之。及天覺當國，復度爲僧，易名德洪，數延入府中。及天覺去位，制獄窮治，其傳達言語於郭天信，竄海南島上。後北歸，建炎中卒，著書數萬言。」（見《四庫全書》本）

王象之《輿地紀勝》（卷一二四・瓊州）風俗形勝，引《繫年錄》云：「黎，海南四郡島上蠻也。」又（卷一二五・昌化軍）詩，引蘇軾〈和擬古〉詩云：「稍喜海南州，自古無戰場。」

又《宋會要輯稿》（刑法四・配隸）：「政和二年（1112）二月十二日，尙書刑部侍郎馬防等奏：契勘昨降指揮，應配沙門島人爲溢額，權配廣南遠惡處海南州。」按古時"州"與"洲"同義，而與"島"近義。如《說文解字》（川部·州）云：「水中可居者曰州」，又《釋名·釋水》：「水中可居者曰洲」，「海中可居者曰島」。於是顯示，所謂"海南州"，亦即："海南洲"、"海南島"。

元代有"海南島"記載的文獻，獨見於元·邢夢璜〈至元癸巳平黎碑記〉：「……海南一島四州，蚤列職方。……」（清道光《瓊州府志》卷三八·藝文志·記）

直至清末民初，是"海南島"名稱，於中外文獻中，屢見不鮮。諸如：

清·魏源《海國圖志》（卷七·東南洋三·海岸之國·暹羅一）：「各海港所進中國之船，每年約九十隻，小船甚多，俱由海南島。」

趙爾巽《清史稿》（地理志十九·瓊州府）：「府及崖州在南海中，曰海南島，中有五指山，綿亙數邑。」

孫中山《瓊州改設行省理由書》：「前清時代，嘗有海南島不割讓之條約。」

陳銘樞《海南島志》（沿革）：「海南島，處廣東省極南。」

此外，在二戰前，日·小葉田淳《海南島史》（日文版），德·史圖博《海南島黎族》（德文版）諸書……

至於海南島的別稱更多，依其屬性，概分八類，分著如次，以供查考。

**儋耳**（或稱：離耳、瞻耳），以代稱：海南島。係由本島古代土著居民習俗而得名者。或謂在臉部與耳匡周圍鏤刻

花紋，如《漢書》（武帝紀）、唐・顏師古注引張晏云。又
《後漢書》（明帝紀）唐・李賢注引東漢・楊孚《界物志》
云。或謂在耳垂上穿孔，懸掛耳環或各種裝飾品，如《後漢
書》（南蠻西南夷列傳）、又《水經注・溫水》引《林邑記》
云。於是古籍中，常以"儋耳"或離耳、瞻耳代稱本島。

　　**珠崖、儋耳**，簡稱：儋崖。係本島在歷史上，最早設立
兩個地方高級政權名稱而得名者。見《漢書》（武帝紀注）、
《後漢書》（東夷列傳・倭）、《三國志・吳書》（吳主傳）
載。於唐宋時期，海南島亦往往別稱"儋崖"。諸如：

　　唐・段成式《酉陽雜俎》（續集・支植下）：「儋崖芥，
芥高者五、六尺，子大如雞卵。」又「儋崖瓠，儋崖種瓠，
成實率皆石餘。」（參《嶺南異物志》載）

　　唐・李石《續博物志》（卷三）引《香譜》：「太學同
官，有曾官廣中者云：沉香，雜木也。朽蠹浸沙水，歲久得
之。如儋崖海道居民，橋樑皆香材。」

　　宋・蘇軾〈沉香山子賦〉：「矧儋崖之異產，實超然而
不群。」又〈答丁連州啓：「自疑本儋崖之人，難復見魯衛
之士。」（見《儋縣志》卷之十・藝文志《居儋錄》賦・頁
十八／啓・頁一五六）。

　　由統轄全島之政權名稱而得名者，別稱繁多，分著如次，
以供查考。

　　**珠崖**："珠崖"亦作"朱崖"，原爲郡名，漢武帝元封
元年（110B.C）置，初領十一縣，管轄本島北部及東部地區。
漢昭帝始元五年（82B.C）己亥，儋耳郡併入珠崖郡（參見
《漢書》賈捐之傳），轄境擴大至全島，於漢元帝初元三年

（46B.C）廢（見《漢書》元帝紀）。由於珠崖郡曾統轄全島，是故後人屢以"珠崖"代稱海南島。諸如《漢書》（地理志下）、《三國志》（吳書・陸遜傳）、晉・郭義恭《廣志》、《太平御覽》（卷七五七）引《朱崖傳》，又《方輿勝覽》（卷四三・瓊州）引《交州記》，……諸如是類，不勝枚舉。

　　**崖州**：於南朝梁武帝時期，海南儋耳千餘洞，歸附於高涼郡（治今廣東陽江市西）冼夫人（參見《北史》譙國夫人傳）。由冼夫人請命朝廷，梁武帝遂在儋耳郡故地置崖州，治所在義倫縣（今儋州市西北），統轄海南島全境。於隋煬帝大業三年（607）丁卯，崖州改爲珠崖郡（參《隋書》地理志下・珠崖郡，暨《正德　瓊臺志》卷三・沿革考）。於是後世亦常以"崖州"代稱本島，如《隋書》（卷七八・楊伯丑傳）、唐・劉恂《嶺表錄異》（卷上）、《太平御覽》（卷一七二）崖州條，引《郡國志》諸書。

　　**瓊州**：按"瓊"本指美玉，據云：瓊州之得名，源自境內有座"瓊山"，其石皆白似玉而潤（參《方輿勝覽》卷四三）。瓊州始置於唐貞觀五年（631）辛卯，故址在唐代瓊山縣瓊山村（參《輿地紀勝》卷一二四・瓊州引《瓊管志》云），乃今海口市瓊山區南部新民鄉境內，隸屬崖州都督府（參《舊唐書》地理志四・崖州、瓊州）。

　　唐高宗乾封二年（667）丁卯，瓊州城陷於蠻洞。直至唐德宗貞元五年（789）十月，嶺南節度使李復遣兵剋復，奏置瓊州都督府，加瓊、崖、振、儋、萬安等五州招討游奕使，并廢崖州都督府（見《舊唐書》地理志四・瓊州）。於是海南島政治中心，便由崖州遷移瓊州。至北宋初年，仍續以瓊州統領全島州縣（見《續資治通鑑長編》卷十二）。由於"瓊州"自唐貞元五年（789）以來，長期統轄全島境地，故亦以"瓊州"代稱本島。如《嶺表錄異》（卷中）、《輿地紀勝》（卷一二四・瓊州）、《元史》（占城傳）、《明史》（廣西土司三）諸書紀載。

　　**瓊管**：按"瓊管"之稱，始於唐代，本爲瓊州別名。如《嶺表錄異》（補遺）：「……儋臺、瓊管百姓，皆制藤線，編以爲幕。」又《舊唐書》（憲宗本紀）：「元和二年（807）四月，嶺南節度使趙昌進瓊管、儋、振、萬安六州六十二洞歸降圖。」

　　至於瓊州何以別稱："瓊管"，應與瓊州升爲都督府，兼本島五州招討游奕使具有密切關係。因是統轄全島軍民兩政最高權力機構，"瓊管"當係時人對瓊州都督府尊稱，以區別"嶺南五管"（唐永徽之後，於嶺南道分置廣州、桂州、容州、邕州、交州五都督府，簡稱：廣管、桂管、容管、邕管、交管，由廣府都督統領，總稱：嶺南五管）。迨北宋時期，又在瓊州前後置瓊管轉運司，暨瓊管安撫司，由瓊州守臣兼任長官，統領全島州縣。見《宋會要輯稿》（食貨四九・轉運），暨《輿地紀勝》（卷一二四・瓊州）。於是，唐、宋以來，常以"瓊管"代稱本島。如《宋會要輯稿》（蕃夷五）、《萍洲可談》（卷二）、《嶺外代答》（卷一・邊帥門・瓊州兼廣西路安撫都監）、《投荒雜錄》諸書。

　　**瓊**：按"瓊"原爲瓊州略稱。如《投荒雜錄》：「瓊山郡守，兼儋、崖、振、萬安五郡招討使，……四郡之隸於瓊，瓊隸於廣。海中五州歲賦，廉使不得有一緡，悉以給瓊。」
（唐代"州"與"郡"時而易名，瓊州亦稱瓊山郡。參《唐
書》、《新唐書》地理志）

緣自唐貞元五年（789）以來，本島別稱"瓊州"，亦簡
稱"瓊"。如唐・李德裕〈寄家書〉詩：「瓊與中原隔，自
然音信疏。」明・海瑞〈平黎疏〉：「瓊去京師萬里。」又
鄭廷鵠〈平黎疏〉：「瓊自開郡以來，……」清・張岳崧《筠
心堂集》（捐資重刊丘海文集序）：「吾瓊學者，自漢以降，
有明為盛。」諸書。

**瓊崖**：按"瓊崖"本是瓊州與崖州合稱，如《倦游雜錄》
（沉香）：「沉之良者，惟在瓊崖等州。」又云：「嶺南雷
州及海外瓊崖，山中多香樹。」至於為何以"瓊崖"別稱本
島，應與是兩州，於唐代先後享有較高行政地位。據《舊唐
書》（地理志四）云：唐貞觀元年（627），在崖州置都督府，
統領全島各州。至唐貞元五年（789）十月，嶺南節度使李復
奏請，升瓊州為都督府，兼全島五州招討游奕使，并廢崖州
都督府。

由於唐代先後在崖州與瓊州置都督府統領全島，故後人
便以"瓊崖"代稱本島。如《通典》（州郡十四）：「瓊崖
環海，尤難賓服。」又《嶺表錄異》（卷下）：「虎蟹，殼
上有虎斑，可裝為酒器，與紅蟹皆產瓊崖海邊。」宋・蘇軾
〈峻靈王廟碑〉：「瓊崖千里環海中，民夷錯居古相蒙。」
王應麟《通鑑地理通釋》（宋二十三路）：「自建炎南狩，
輿地登於職方者，……南斥瓊崖，……」又《讀史方輿紀要》
（卷一〇四）：「雷州府，三面距海，南出瓊崖，東通閩浙。」

　　**瓊臺**：按"瓊臺"一詞，涵義不尠，考諸史志，而與海南島相關者有三，分著如次：

　　一是唐宋兩代，乃瓊州之別名。如《嶺表錄異》（補遺）：「……儋臺、瓊管百姓皆制藤線，編以為幕。」是"儋臺"，顯係指儋州。儋州既可別稱儋臺，那瓊州亦可稱為"瓊臺"。於《方輿勝覽》（卷四三·瓊州），以"瓊管"和"瓊臺"，同歸於〈郡名〉一門。於是顯示，作者：祝穆在認知上，已將"瓊管"、"瓊臺"，皆視為瓊州別名。又《永樂大典》（卷二六〇五）"臺"字云：「瓊臺，《南海志》：瓊州，郡名瓊臺」

　　二係宋代，對瓊州長官尊稱。如《輿地紀勝》（卷一二四·瓊州）：北宋初，「以儋、崖、振、萬安四州隸瓊州，又以瓊州守臣提舉儋崖萬安等州水陸轉運使事。《廣西郡邑志》云：以兼轉運，故號為"瓊臺"。」

　　三為宋代，瓊州樓臺名。諸如：南宋紹興年間，參知政事李光貶瓊州，時作〈瓊臺〉詩云：「玉臺孤聳出塵寰，碧瓦朱甍縹渺間。」於是顯示，瓊臺高聳壯觀，於時尚存。於《輿地紀勝》（卷一二四·瓊州）景物上云：「瓊臺，在譙樓，下臨放生池。《圖經》云：瓊州自唐以為都督府，瓊崖振儋萬安五州招討游奕使。本（宋）朝號為瓊州提舉儋崖萬安等軍水陵轉運使兼瓊管安撫都監，今郡城有瓊臺，蓋置使時以使臺為名耳。」是云"今郡城"，係指宋代瓊州城，即今府城。按唐代瓊州城，在今府城南部太子鎮境內。至宋太祖開寶五年（972）壬申，瓊州治始移遷今府城（見《萬曆　瓊州府志》、《康熙　瓊山縣志》，於建置志·城池）。又云

"今郡城有瓊臺"，顯示是"瓊臺"，當建於北宋時期。然謂"置使時以使臺爲名"，說明是"瓊臺"非同普通樓臺，而是富有濃厚政治色彩，當作瓊州長官辦公處所。

由於"瓊臺"，既是唐宋時期瓊州別名，又是宋代對瓊州長官（全島最高長官）尊稱，且係宋代瓊州長官辦公處所（全島統治中樞），是故自宋代以來亦嘗以"瓊臺"代稱本島。諸如：以"瓊臺"命名之志書，《瓊臺志》、《瓊臺郡志》、《瓊臺外紀》、《正德　瓊臺志》諸志。

明・丘濬〈瓊臺春曉〉詩：「海南三千餘里地，花朝二十四番風。」又〈可繼堂記〉：「可繼堂者，瓊臺丘氏之正寢也。」海邁〈備忘集跋〉：「余家籍瓊臺，世業儒。」清・蕭應植〈修瓊州府志序〉：「博訪瓊臺遺事。」

**瓊瑤**：按"瓊"和"瑤"悉指美玉，"瓊瑤"亦然（參見《詩經・衛風》木瓜，朱熹注）。據說古時海南島有"瓊瑤"美稱，如郭沫若〈頌海南島〉詩：「自古瓊瑤稱此島，珠崖畢竟占春先。」於《輿地紀勝》（卷一二四）景物上。瓊山、白玉條，引《圖經》云：「瓊之取義，蓋瓊山縣奉化鄉有瓊山、白玉二村，土石皆白似玉而潤，種諸其上特美，所產檳榔其味尤佳。意者，其石如瓊瑤耳。」果真"自古瓊瑤稱此島"，似係淵源於茲。或因唐宋以來，海南島簡稱"瓊"，而"瓊瑤"與"瓊"所指同一也。

**瓊州府**：按"瓊州府"在明清兩代，原爲海南島政區名稱。於明太祖洪武元年（1368）十月，改元置乾寧軍民安撫司爲瓊州府。洪武二年（1369）己酉，降爲瓊州。洪武三年（1370）庚戌，又升瓊州爲府，統領全島三州十縣（參《明史》地理志六·瓊州府）。至清世祖順治九年（1652）八月，清兵渡海入瓊，建制沿襲明制，仍置瓊州府，總領全島州縣（參《清史稿》地理志四七）。於是明清時期，亦以“瓊州府”代稱本島。諸如：明·黃佐《嘉靖　廣東通志》（圖經）：瓊州府，「本古雕題、離耳二國。」清·穆彰阿奉敕重修《嘉慶　一統志》（卷四五二）：瓊州府，「《禹貢》揚州西南徼外地。」又清代，越南·鄭懷德《嘉定城通志》（卷四·風俗志·五鎮風俗）：「俗稱瓊州府爲海南。」（見《嶺南撫怪》載）

　　**瓊郡**：在明、清兩代，亦嘗以“瓊郡”代稱本島。諸如：明·丘濬〈重建瓊山縣治記〉：「瓊郡得以齒中州望嶺南，而世不以遐外鄙夷之者，有瓊山爲之屬邑也。」

　　清·牛天宿修《康熙　瓊郡志》，又名《瓊州府志》（十卷）。賈棠〈康熙四十五年重修志序〉云：「瓊郡故實，差足徵矣。」明誼〈續修瓊州府志序〉亦云：「瓊郡風俗敦樸，在粵東爲第一。……」

　　然本島爲何別稱“瓊郡”，或因明朝沿前代，以“郡”爲“州”、“府”之別稱，“瓊郡”即“瓊州府”。如丘濬在〈重建瓊山縣治記〉中云：「瓊在前代與儋、萬、崖並爲四州，國初始升瓊爲郡，而以三州隸焉。」於是瓊州府，既可作爲海南島別稱，當亦可以“瓊郡”代稱本島。

　　**瓊甸**：於《說文》云“甸”本指“天子五百里地”，亦泛指都城郊外之地。如東漢·張衡〈西京賦〉：「郊甸之內。」然以“瓊甸”代稱海南島，獨見於《廣東新語》（卷十一）“廣東文集”條：「近而穗城，遠而瓊甸。」至於本島之所以別稱"瓊甸"，緣因當是唐宋以來本島簡稱"瓊"，至明初又稱為"奇甸"，於是合稱為"瓊甸"。

**朱崖洲（或朱崖州）**：上古時代，"州"與"洲"同義。如《說文》：「水中可居曰州……《詩》曰：在河之州。」按《詩經》（周南·關雎）作"在河之洲"，《說文》無"洲"字。於《爾雅·釋水》、《釋名·釋水》皆云：「水中可居者曰洲。」於是顯示，"朱崖州"亦即"朱崖洲"。緣自漢武帝以來，本島即別稱"朱崖"，且位於大海之中，故又別稱"朱崖洲"。

如《水經注·溫水》（卷三六）引，晉·王範《交廣春秋》：「朱崖、儋耳二郡與交州俱開，皆漢武帝所置。大海中，南極之外，對合浦徐聞縣。晴朗無風之日，徑望朱崖州，如囷廩大。」又《太平御覽》（卷六九）"洲"條，引王隱《晉書》云：「朱崖在大海中，搖望朱崖洲大如囷，舉帆一日一夜至。」

**瓊島**：按"島"與"洲"近義。如《說文》：「海中往往有山，可依止，曰島。」於《釋名·釋水》：「海中可居者曰島。」緣自唐宋以還，本島簡稱為"瓊"，且矗立大海中，故又別稱"瓊島"。如《宋會要輯稿》（職官四四）：「元豐五年（1082）十二月二十一日，廣西轉運副使吳潛言：雷、化發船之地，與瓊島相對。」元〈南寧軍記〉云：「瓊島百峒蟠中，教化未易通行。」清廣東提學使樊澤達〈景賢祠〉詩：「皇帝四十六年夏，奉命乘槎上瓊島。」（清·王贄《康熙　瓊山縣志》藝文志）

**瓊海**：緣自宋代以來，史志常以"瓊海"別稱海南。如

《嶺外代答》（卷一）"潮"條：「江浙之潮，自有定候……瓊海之潮，半月東流，半月西流。」於《宋史》（卷三八〇・楊愿傳）「謂："光（李光）縱橫傾險，子弟賓客，往來吳越，誘人上書，動搖國是。"光再移瓊海。」明・正德《瓊臺志》（卷四・災異）：明宣德九年（1434）甲寅，「瓊海大饑，死者白骨遍野。」清・阮元《道光　廣東通志》（卷四）：「自元帝罷朱崖之後，瓊海之地比於荒裔。」關於"瓊海"何以別稱本島，蓋因唐宋以來，本島簡稱爲"瓊"，暨四週環海之故。

　　由於本島孤懸南海與遠離中國大陸而得名者，分著如次，以供查考。

　　**海南州**：據典籍記載，古代"州"和"洲"同義，又與"島"近義。所云"海南州"，亦即"海南洲"、"海南島"。由於本島孤懸南海，故又有"海南州"別稱。如宋・蘇軾〈和擬古〉詩：「稍喜海南州，自古無戰場。」於《宋會要輯稿》（刑法四・配隸）：政和二年（1112）二月十二日，"尙書刑部侍郎馬防等奏：契勘昨降指揮，應配沙門島人爲溢額，權配廣南遠惡處海南州。"

　　**海外**：按"海外"一詞，本是指中國四境之外。如《詩經・商頌》長發：「相土烈烈，海外有截。」東漢・鄭玄《箋》：「四海之外率服。」於《萍洲可談》：「廣州蕃坊，海外諸國人雜居。」唯於本島孤懸南海，且又遠離中國內陸，自宋以來，亦嘗以別稱"海外"。如宋・蘇軾〈記養黃中〉：「吾終日默坐，以守黃中，非謫居海外，安得此慶耶？」於《宋會要輯稿》（刑法四）：紹熙二年（1191）九月十六日，"知瓊州黃揆言：今中外之奸民，以罪抵死而獲貸者，必盡投之海外以爲兵，是聚千百虎狼而共置之一丘也。”又同書〈食貨六六・役法〉：淳熙九年（1182）二月九日，“知瓊州韓璧言：熙寧間改差役，獨海外四州仍舊不改……乞罷海外差役，依海北免役事體施行。”於《元史・世祖紀》：至元十六年（1279）五月，“潭州行省上言，瓊州宣慰馬旺已招降海外四州。”

由本島遠處中國南陲而得名者，分別著述如次，以供邦人士子查考。

**朱垠**：綜窺史籍，以“朱垠”代稱海南島，始自東漢（亦稱：後漢）。如《後漢書》（卷四〇下・班彪傳附子固傳）引班固〈東都賦〉：「目中夏而布德，覘四裔而抗稜。西蕩河源，東漰海漘，北動幽崖，南趡朱垠。殊方別區，界絕而不鄰。自孝武所不能征，孝宣所不能臣，莫不陸讋水慄，奔走而來賓。」是“朱垠”所指何地，於《後漢書》歷代注家皆付闕如，唯唐・李善注《文選》（班固・東都賦）注云：「南方。」新版《辭海》“朱垠”條釋文，亦完全依照李善注文。其實是“朱垠”，係指“朱崖”即海南島，而非南方。分著於次，以供查考。

按班固〈東都賦〉所說，乃東漢王朝政治勢力所及，暨四夷賓服情況。其西、東、北三裔所及之處，既然都有具體位置，故南裔之“朱垠”，顯然亦係具體地名，而非泛指南方。

按“南趡”，於《文選》作“南燿”。據《說文解字》（走部）：「趡，躍也。」又〈火部〉：「燿，照也。」若依唐・李善注文，則"南趡（燿）朱垠"，其意就是南部躍過（或是照燿到）南方。於是顯見，其注明顯舛誤。

按"垠"和"厓"、"崖"同義，如《淮南子・本經訓》：「鑿汙池之深，肆畔崖之遠。」漢・高誘注：「崖，垠也。」於《漢書・叙傳》：「研、桑心計於無垠。」唐・顏師古注：「垠，厓也。」又《廣雅・釋丘》：「隑……滑、陣、浚、垠，厓也。」於《集韻・佳韻》：「厓，或作崖。」綜窺注釋，於是顯示，"朱垠"即朱崖。

唐・房玄齡《晋書》（地理志下）"交州"條，明記東漢建武年間，馬援平定交部時，曾至海南島重建地方政權。於《舊唐書》（地理志四）廣州"南海縣"條，亦明載：「後漢廢珠崖、儋耳入合浦郡。」後漢合浦郡，既然領有西漢珠崖、儋耳二郡故地，於是顯見，海南島在東漢王朝版圖之內。班固氏對此理當非常清楚。於〈東都賦〉中，既談及東漢王朝四裔範圍，是"朱垠"，顯係指位在南裔之海南島，毋庸置疑耶。

宋代，亦有以"朱垠"代稱海南島者。如清・張嶲等纂修、郭沫若點校《光緒　崖州志》（卷十九・藝文志一）收錄宋・知昌化軍邢夢璜〈節錄磨崖碑記〉：「渺矣朱垠，重溟絕島。」其意：遙遠啊！海南島，南海中孤島。

於是顯示，史學家班固所云"南趡朱垠"，其意理當即"南逾朱崖"。

**南極**：緣因本島遠處中國南疆，於古代亦常別稱"南極"。如《輿地紀勝》（卷一二四）引李光〈贈杜介之〉詩：「南極多老人，及見九代孫。君生古崖州，氣質清且溫。」

於南宋初年，李綱謫海南時，作〈南渡次瓊管并序〉：「南極多猶暖，中原信不通。」

　　**南荒**：按“荒”本指荒服，乃古時五服中邊遠之地（參《尚書·禹貢》載）。“南荒”意即南方邊遠之地，海南島由於遠處南裔，於是亦別稱“南荒”。如宋·蘇軾謫居儋耳時，作〈五君子說〉：「吾久居南荒。」於離開本島時，又作〈六月二十日夜渡海〉詩：「九死南荒吾不恨，茲游奇絕冠平生。」於《輿地紀勝》（卷一二五）引嚴維〈送李秘書往儋州〉詩：「臣心瞻北闕，家事在南荒。」

　　清光緒《崖州志》（卷二二）遺事，引明·黃佐《廣東通志》：「趙鼎死珠崖，扶喪過郡。汪應辰為文祭之，曰：“惟公兩登上宰，皆值危難之時，一斥南荒，遂為死生之別。”」

　　**炎荒**：按“炎”字，除指炎熱之外，尚含有南方之義。如《呂氏春秋·有始》：「南方曰炎天。」於是顯見，是“炎荒”同“南荒”近義，係指南方炎熱邊遠之地。海南島由於地理位置、氣候與之雷同，是故亦別稱“炎荒”。如明·丘濬〈五指山〉詩：「五峰如指翠相連，撐起炎荒半壁天。」於光緒《崖州志》（卷二一：藝文志三）載，王瑞璸（弔唐韓公瑗）詩：「中外寒蟬寂不揚，獨憐忠諫屏炎荒。」

　　韓瑗，字伯玉，唐京兆三原人。累官黃門侍郎、同中書門下三品，因極諫高宗廢王皇后而立武昭儀，又上疏力救褚遂良。於顯慶二年（657）貶振州刺史，菹事踰年卒。

　　清·明誼《道光　瓊州府志》（卷二九·官師志一·宦績上·唐），臧勵龢《中國人名大辭典》（頁 1704·4），有載。

　　由本島古代盛產香料而得名者，著述如次，以供邦人士子查考。

　　**香洲**：據古籍載，海南島古代盛產各種香料，諸如：沉香、蓬萊香、鷓鴣斑香、箋香、生香、丁香，……於《諸蕃志》（卷下・海南）、《桂海虞衡志》（志香）、《嶺外代答》（香門）、《廣東新語》（香語），暨瓊郡諸舊志，皆有詳載。

　　宋・蘇軾〈和勸農〉詩序：「海南多荒田，俗以貿香為業。」於《廣東新語》（香語）"沉香"條亦載：「海南多陽，一木五香。」又云：「黎人生長香中，飲食是資。」於是顯見，海南島古代盛產香料（正德《瓊臺志》詳載）。據云海南香料質量極佳，名揚遐邇。如《諸蕃志》：海南島「土產沉水、蓬萊諸香，為香譜第一。」又《輿地紀勝》（卷一二四）景物上：「沉香，出萬安軍，一兩之直與百金等。」《桂海虞衡志》（志香）：「沉水香，上品出海南黎峒。一名土沉香……環島諸郡界皆有之，悉冠諸蕃所出，又以出萬安軍者為最勝……大抵海南香，氣皆清淑。」由於本島香料品種多，產量大而質極佳，於是自古以來，瓊島就享有"香洲"之美譽。如南朝梁・任昉《述異記》：「香洲在朱崖郡，洲中出諸異香，往往不知其名。」於宋・洪芻《香譜》（香事三）亦云：「香洲在朱崖郡，洲中出諸異香。」

　　由瓊島戰略及經濟地位重要而得名者：分著於次，以供查考。

　　**南溟奇甸或奇甸**：按"南溟奇甸"，意為南海中奇異之地。乃明太祖高皇帝，賜予海南島之美稱。如《明太祖集》（卷六）〈勞海南指揮敕〉：「南溟之浩瀚，中有奇甸，方數千里，歷代安天下之君，必遣仁勇者戍守。」明・黃佐《萬曆　廣東通志》（卷五七）〈郡縣志四四・瓊州府・圖經〉：「逮我明興，高皇帝以為南溟奇甸，往往振作焉，自是鼎臣繼出，名滿神州。」於《廣東新語》（卷二）地條：「瓊在海中三千餘里，號稱大州，又曰南溟奇甸。」又（卷九〈海外衣冠勝事〉條）：「瓊本海中一大州，去中國絕遠，自孝陵稱為奇甸，人文因以奮興，若海公瑞清剛正直，又為瓊之特出者，惟奇甸故產奇人。」

　　然明太祖何以稱本島為奇甸，是緣自明初以來，由於倭寇對中國沿海地區不繼騷擾，暨歐洲殖民者逐漸入侵。因海南島地處南海要衝，在國防上的戰略地位益顯重要，故明太祖在位年間，曾多次宣諭海南衛指揮，要嚴加防守本島海域（參見《明太祖集》卷六、卷八）。其所稱瓊島為"南溟奇甸"，是認知本島地理位置重要性，而給予極高重視與期望。

　　明・丘濬〈南溟奇甸賦并序〉：「伏讀太祖高皇帝〈勞海南指揮敕〉曰："南溟浩瀚，中有奇甸數千里。"是時瓊郡在炎荒漲海之中，而褒以奇之一言，豈無意哉！」又「甸者，王畿之名，非所以為遐外之域。奇者，殊常之稱，不可以加寂寞之墟。」又云：「奇甸之言，乃獨以專美茲地，非甸而謂之甸，未奇而預期以奇，豈無意哉！」

　　**寶島**：由於海南島海域遼闊，氣候溫暖，雨量充沛，各種資源：如海洋資源、熱作資源、生物資源、綠能資源、礦產資源，既旅游資源……極為異常豐富，乃中國一塊得天獨厚寶地，於經濟上具有極其重要地位，故本島享有"寶島"
讚稱。

　　許士杰《海南省——自然、歷史、現狀與未來》（頁三）：
海南島「不僅是全國熱帶資源豐富的寶島，也是我國唯一的
一個投資少、經濟效益大的熱帶作物生產基地。」於魏南金
《海南寶島》（卷首語）：「海南島是我國美麗富饒的寶島。」
此外，尚有不少的海南文獻，係以"寶島"為題名者，諸如：
《海南寶島》、〈寶島海南〉、〈海南島——祖國的寶島〉、
〈海南島——祖國的熱帶寶島〉、〈祖國的寶島——海南島〉、
〈南海的寶島——海南島〉……

　　**南天一柱，南海明珠**：緣因海南島聳立南海，地處交通
要衝，自古以來就是中國南疆重鎮，兩廣之門戶，於國防上
佔有極重要地位，更加上經濟價值重要性，故瓊島又被稱為
"南天一柱"與"南海明珠"。誠如魏南金《海南寶島》序
文：「如今，海南島已成為屹立南天，雄峙海中，保衛著祖
國南疆的"南天一柱"，成為鑲嵌在祖國浩瀚海域中的一顆
"南海明珠"。」

　　由瓊郡明代人文昌盛而得名者，著之如次，以供邦人士
子查考。

　　**海濱鄒魯（或海外鄒魯）**：按"鄒"、"魯"，皆為古
代國名，其都城故址分別在今山東省鄒縣和曲阜。由於孟子
生於鄒，孔子生於魯，故後世遂以"鄒魯"作為文化教育興
盛之地代稱。明季海南島文教發達，人才輩出。據史志記載：
明代本島設立學校眾多，計有：府學一所、州學三所、縣學
十三所、衛學一所、所學七所、社學二〇二所，書院二十六

所。考中進士者六十四人、舉人六〇〇人、徵辟六十三人、貢士二四三九人。

　　海南福地，山明水秀，地靈人傑，人文薈萃，賢才輩出。邦賢士子，無論在京師或地方，大都傑出輝煌，殊爲世人驚奇。諸如：丘濬官至文淵閣大學士參預機務（相當宰輔），官至尙書者有薛遠、廖紀、王弘誨，官至侍郎者有鍾芳、唐冑，累官右都御史者有海瑞，官至巡撫者有邢宥、梁雲龍，官至布政使者有胡濂，官至按察使者有林士元，曾任太學國子監祭酒（主管全國最高學府）者有丘濬、王弘誨，至於官副使、參政、參議、知府、給事中、監察御史者，則多不勝舉，故時有“鼎臣繼，名滿神州”美譽。於是，清初學者屈大均，亦曾贊嘆不已。於《廣東新語》（卷九）〈海外衣冠勝事〉云：「成化二年（1466）秋，進薛公遠戶部尙書，邢公宥都御史，丘公濬翰林學士，皆在一月，雖天下望郡亦希覯，洵海外衣冠勝事也。」

　　於是明代，瓊島享有“海濱鄒魯”或“海外鄒魯”讚稱。如丘濬〈重建瓊山縣治記〉：「予嘗在吾鄉僻處遐外，而海內士大夫，未嘗以遐外視之，評其藝文俗尙，則曰海濱鄒魯。」王佐《雞肋集》（序·贈吳肅里正周年序）「國初，瓊俗敦樸禮文，苟簡遷就……當時南北之士，莫不景仰吾瓊爲海外鄒魯。」於清·賈棠〈康熙四十五年重修志序〉：「明初改郡統之，生齒日繁，人文蔚起，至號爲海濱鄒魯。」林之椿《寶粹書塾藏書目錄》（序）亦云：「海南僻處炎荒，教化之開，始於南宋。嗣後名賢輩出，有海濱鄒魯之稱。」

# 附錄一：民國瓊制大事記

　　直至中華民國肇立後，近四十年（1912～1950）間，海南處於內憂外患狀態中，其建置更迭頻繁，幾乎是朝改夕變，特分著於次，以供方家查考。

　　**一、軍管時期**：緣自民初至日軍陷瓊期間（1912～1941），計三十年。

民國元年（1912）壬子

　　一月一日，在南京成立中華民國臨時政府，並廢瓊崖臨時都督府

　　同月，置瓊崖安撫使，暨瓊崖民政總長。分別統領全島軍事與行政事務，治所皆在瓊山縣（今府城），均隸於廣東都督府。

　　七月，瓊崖安撫使及瓊崖民政總長俱廢。改置瓊崖綏靖處，掌理全瓊民政事務，隸屬廣東總綏靖處。

民國二年（1913）癸丑

　　本年春，廢瓊崖綏靖處。置瓊崖鎮守府，以鄧鏗任瓊崖鎮守使，掌理全瓊軍民兩政，隸屬廣東都督府。

　　八月，袁世凱親信龍濟光任廣東都督。鄧鏗棄職逃遁，瓊崖鎮守府解體。

　　同月，置瓊崖綏靖督辦。

民國三年（1914）甲寅

是年，廢瓊崖綏靖督辦。設瓊崖道，長官稱道尹，掌理全瓊民政。復置瓊崖鎮守使，祇掌軍事。

民國五年（1916）丙辰

七月，龍濟光以兩廣礦務督辦（亦稱：瓊崖礦務督辦）名義，自粵率殘部入駐瓊山府城，海南逐為龍濟光所盤踞。

民國七年（1918）戊午

十二月，廢兩廣礦務督辦。

民國九年（1920）庚申

本年，以李根源為海疆邊防督辦，率所部滇軍入駐瓊山府城。

是年冬，瓊崖道尹、瓊崖鎮守使俱廢，改置瓊崖善後處，以粵軍旅長鄧本殷兼任處長，統理全瓊軍民兩政，治所在今府城。

民國十二年（1923）癸亥

本年，陳炯明命鄧本殷為廣東南路八屬聯軍總指揮。並以新編之旅指揮官馮銘楷入瓊接防，兼任瓊崖善後處長。

民國十四年（1925）乙丑

十二月，國民革命軍南征軍平定廣東南路，鄧軍敗退海南島。

民國十五年（1926）丙寅

本年一月，國民革命軍第四軍由雷州渡海入瓊。

二月，鄧軍被徹底打敗，收復全島，瓊崖善後處逐廢。

同月，在府城成立瓊崖行政區公署，省政府以張難先爲
　　委員。

十二月一日，以海口改置獨立市，設海口市政廳。

民國十六年（1927）丁卯

本年，廢瓊崖行政區公署，各縣市直屬省政府。

是年夏，爲配合清黨活動，於府城設立瓊崖警備司令部，
　　以瓊崖駐軍三十三團團長黃鎮球兼任司令。

民國十七年（1928）戊辰

三月，瓊崖警備司令部廢。

四月十一日，於府城成立廣東南區善後委員公署，以第
　　十一軍軍長陳銘樞爲南區善後委員，統管兩陽、高、
　　雷、欽、廉、瓊崖七屬（二十八縣三市）軍政事務，
　　暨綏靖、建設與一切善後事宜。

民國十八年（1929）己巳

一月上旬，陳銘樞升任廣東省政府主席，以南區善後公
　　署一切行政事務，交由參謀長黃強、副軍長蔣光鼐負
　　責。

六月三十日，正式裁撤南區善後委員公署。

七月初，在海口市成立具有全瓊最高行政權力之瓊崖實
　　業專員公署，以原南區善後委員公署參謀長黃強爲瓊
　　崖實業專員，舉辦各種實業。

民國十九年（1930）庚午

五月，廢瓊崖實業專員公署，改設瓊崖行政專員公署，
　　國民黨廣東省當局委任陳策爲瓊崖行政專員。

民國二十年（1931）辛未

五月，成立瓊崖警備司令部，陳濟棠委任陳策兼瓊崖警
備司令。

八月，撤銷海口市政廳，海口復歸瓊山縣管轄。

民國二十一年（1932）壬申

三月，國民黨中央政治會議決定，將瓊崖改爲特別行政
區，委任伍朝樞爲行政區長官。後因陳濟棠阻撓，伍
朝樞未到任，遂取消其議。

七月，廢瓊崖行政委員公署。

八月，在海口成立瓊崖綏靖委員公署，陳濟棠委任陳章
甫爲瓊崖綏靖委員。

同年，增設瓊崖撫黎局於海口，以警衛旅旅長陳漢光兼
撫黎局長。

民國二十二年（1933）癸酉

九月，改瓊崖撫黎局爲瓊崖撫黎專員公署（仍駐海口），
下設嶺門、保亭、南豐、興隆四黎務局。

民國二十四年（1935）乙亥

四月，於黎區成立保亭、白沙、樂東三縣（全瓊共有十
六縣）

同年，瓊崖撫黎專員公署，暨下屬四黎務局俱裁撤。

民國二十五年（1936）丙丁

七月，廢瓊崖綏靖委員公署。

十月，在海口成立廣東省第九區行政督察專員公署。以
黃強爲行政督察專員，兼瓊山縣長。後將專員公署移
府城，與縣政府合署辦公。

民國二十六年（1937）丁丑

九月，黃強本兼各職俱免。以第六十二軍軍長張達兼行
　　政督察專員，由瓊崖民團統率處主任雲振中兼瓊山縣
　　長。

同月，成立「瓊崖警備司令部」，以張達兼任司令。

民國二十七年（1938）戊寅

十月十二日，日軍在大亞灣登陸，廣州告急，張達奉命
　　率師赴援，所兼兩職，由駐瓊保安第五旅旅長王毅暫
　　代。

十月二十一日，廣州失守，廣東省政府遷韶關曲江。省
　　府保安第三旅旅長吳道南調任第九區行政督察專
　　員，兼保安與游擊司令。於吳未到職前，王毅以代職
　　繼續主持瓊崖軍政事務。

民國二十八年（1939）己卯

二月十日，日軍占領海口及府城，續而進犯全島各地，
　　不久海南淪陷。行政督察專員公署與瓊崖警備司令部
　　俱遷至定安縣翰林地區，繼續維持政令。沿海各縣政
　　府，皆分別遷往山區。

六月，吳道南返瓊就任行政督察專員，並成立瓊崖保安
　　司令部，自任司令。王毅仍續任瓊崖警備司令。

民國二十九年（1940）庚辰

本年夏，瓊崖警備司令部，奉命改為瓊崖守備司令部，
　　以王毅為司令。瓊崖保安司令，亦奉命歸王毅節制。

民國三十年（1941）辛巳

是年，專員公署、瓊崖守備司令部、瓊崖保安司令部，
　　俱遷至保亭縣八村地區。

同年，督察專員吳道南辭去本兼各職，廣東省政府主席李漢魂任命丘岳宋續之。

**二、日據時期：**自民國二十八年（1939），至三十四年（1945）。日寇侵瓊期間，除建立日偽統治機構外，尚積極推行“以瓊治瓊”政策，利用漢奸助其加強對瓊島百姓統治。日軍在瓊建立的統治機構，最主要的日偽組織，有海南警備府，暨偽瓊崖臨時政府。

**（一）海南警備府：**亦稱「海南島海軍警備府」，乃日軍在瓊島最高軍事機構。前身為日本海軍「第四特別根據地部隊」司令部（簡稱“四根”司令部，或稱“第四基地隊”司令部）。

於民國二十八年（1939）二月十日，日軍佔領海口市後，即設在海口，太田泰治少將為司令官。十一月十五日，「四根」司令部改名為「海南島根據地隊」司令部（簡稱“海根”司令部，或稱“海南島基地隊”司令部），福田良三、井上保雄少將，先後任司令官。

民國三十年（1941）四月十日，“海根”司令部升格為「海南警備府」，仍駐海口市，谷本馬太郎、砂川兼雄、小池四郎、松本益吉、伍賀啟次郎等中將，先後任為司令長官，掌管海南島日偽軍政大權，直屬日本海軍中國艦隊（或謂直屬日本大本營）。同年（1941）辛巳，海南警備府，暨所屬主要機關遷往榆林，而海軍軍需部則駐三亞。

民國三十四年（1945）八月十五日，日本天皇宣佈無條件投降。時日軍海南警備府司令長官伍賀啟次郎，即命駐定安南閭山根中佐為代表，向瓊崖守備司令王毅，商洽投降事宜。九月十一日，海南警備府司令部，改名爲「海南島日本海南聯絡部」，負責解決戰後問題。十月十一日第四戰區司令長官張發奎，遣第四十六軍韓練成部，來瓊接收。瓊島日本軍隊，完成對中方接收的交接任務，開始撤出。

　　然在「海南警備府」下，先後統屬之主要機構及部隊，分著於次，以供查考。

　　**海南海軍特務部**：前身爲日本海軍第五艦隊情報部，於民國二十八年（1939）十一月十五日，爲擴展規模，改編成立「海南島海軍特務部」。民國三十一年（1942）五月二十五日，改稱「海南海軍特務部」。民國三十二年（1943）八月十日，改名「海南特務部」。主管長官爲總監，任者皆爲日軍中將。置：官房（即秘書處）：分設兩課，管理秘書、人事、會計、庶務等行政事務。政務局：分設三課，掌理民政、教育、外交、情報等行政事務。經濟局：分設七課，掌管農林、工礦、交通、金融、貿易，專賣等行政事務，衛生、地政兩局，各設兩課。暨嘉積、三亞、邢大、北黎四支部，皆由支部長負責。

　　**海南海軍經理部**：掌理警備府之財會監督、物品買賣等事務。

　　**海南海軍設施部**：民國三十一年（1942）一月四日設立，駐在三亞，前身爲日軍三亞 KKB 軍需部。四月一日，改稱海南海軍軍需部。次年（1943）八月十八日，始改名爲「海南海軍設施部」。負責各部所需軍需品、裝備、供給、保管、維修等事務。

　　**海南海軍運輸部**：民國三十一年（1942）三月二十日設

立，駐在榆林，負責區域運輸、補給、聯絡，暨海上護衛事項。

**海南海軍工作部**：駐地榆林，負責小型船舶、電氣和光學兵器、有線通訊裝置及汽車等修理事務。

**海南建設部**：民國二十九年（1940）春，在八所成立，主要負責掠奪瓊島優質礦產資源。下設港灣、鐵道、輸送、礦山、農林五部，暨總務、勞務、機械、電氣、建築五課。

**警備府臨時軍法會議**：於民國三十一年（1942）四月十日，在海口設立。

**兩支警備隊**：即第十五、第十六警備隊，乃本島日軍警備部隊。前身分別為日軍第五、第六防備隊。民國二十八年（1939）十一月十五日，分別改稱第十五、第十六防備隊，擔負海南島警備任務。於民國三十年（1941）七月三十日，分別改名為第十五、第十六警備隊，皆分設司令部。第十五警備隊司令部駐海口，第十六警備隊司令部駐三亞，各設司令，暨刑部、警察部、行政部等機構。

**六支特別陸戰隊**：分著如次，以供查考。

一、日軍橫須賀鎮守府第四特別陸戰隊（簡稱：橫四特），民國二十八年（1939）二月十四日，乘"衣笠丸"號，到達三亞附近海面，從三亞灣強行登陸。

二、日軍佐世保鎮守府第八特別陸戰隊（簡稱：佐八特），民國二十八年（1939）二月十四日，乘"廣德丸"號，抵達三亞灣，強行登陸。

三、日軍舞鶴鎮守府第一特別陸戰隊（簡稱：舞一特），民國二十九年（1940）六月十日，在海南編成，指揮官為完田永次郎中校。

四、日軍舞鶴鎮守府第二特別陸戰隊（簡稱：舞二特）民國三十年（1941）四月十八日，從上海調來海口，十月八日，"舞二特"從海口返回日本舞鶴。

五、日軍吳鎮守府第一特陸戰隊（簡稱：吳一特），民國三十年（1941）二月五日，乘"遼海丸"號，抵達海口。十月一日，"吳一特"從海口返回日本。

六、日軍佐世保鎮守府第一特別陸戰隊（簡稱：佐一特），民國三十年（1941）二月十日，乘"朝陽丸"號，抵達三亞。九月二十二日，作戰結束後，"佐一特"從三亞返回佐世保。

**臺灣混成旅團**：亦稱「飯田混成旅團」，民國二十八年（1939）一月三十一日，以日本陸軍第二十一軍飯田支隊改編而成，飯田祥二郎少將爲旅團長。二月十日黎明，該旅團萬餘人在日本五十餘架飛機，暨三十餘艘艦護衛下，從瓊山縣屬天尾港一帶海岸強行登陸。登陸後分路侵入海口、府城等地。七月下旬，該旅團調往廣州，負責佛山附近警備任務。

**海南島派遣部隊**：民國二十八年（1939）七月下旬，以日軍第二十一軍的四個步兵大隊與一個山炮大隊爲基幹組成，替換臺灣混成旅團，負責海南島陸上警備任務。

民國三十年（1941）一月十九日，該部第六七、第六八、第六九三個獨立大隊調往香港，編入香港防衛隊。

**海軍第十四航空隊**：亦稱"海口航空隊"。民國二十八年（1939）三月二十九日，日軍海口航空基地建成，命名"第七基地"，當天日本海軍第十四航空隊陸上攻擊機隊，就進駐該基地。民國三十年（1941）九月十五日，「海軍第十四航空隊」撤銷，一部分飛機飛回日本，餘留艦上轟炸機六架，零式戰鬥機七架，仍駐海口第七基地。民國三十三年（1944）五月一日，海口航空隊解散。

**三亞航空隊：**民國二十九（1940）十一月十五日成立，於民國三十三年（1944）六月一日解散。

**臺灣總督府警察大隊：**民國三十年（1941）一月十四日，乘"廣清丸"從高雄港出發，於二月一日抵建三亞港，分派各縣偽政府，協助維持地方治安。

**海南島通訊隊：**民國三十年（1941）四月十日設立，民國三十一年（1942）二月十五日解散。負責通訊聯絡任務。

**黃流航空隊：**民國三十二年（1943）四月一日成立，於民國三十三年（1944）五月一日解散。

**嘉積招撫司令部：**民國三十二年（1943）一月設立，以制約萬泉河中游兩岸抗日部隊活動。

**第二五四航空隊：**民國三十二年（1943）十月一日成立，基地設在三亞，屬海南警備府指揮，擔任華南方面航空作戰，企圖阻止美國空軍對日軍在海南島、香港、廈門之軍事設施與近海航行船的襲擊。

民國三十三年（1944）六月，該航空隊擁有艦載戰鬥機二十四架、攻擊機四架、運輸機一架。民國三十四年（1945）一月，宣告解散。

**獨立混成第二十三旅團：**原屬日本陸軍第二十三軍。民國三十四年（1945）一月，該旅團所轄步兵第一二八、第一二九、第一三〇、第二四七、第二四八等五個大隊，奉命進駐海南島，歸海南警備府指揮。二月五日，該旅團又配備水際作戰特攻兵力第三二、第三三、第一〇三震洋隊。五月七日，日本華南方面陸軍防備方針變更，第二十三軍命該旅團撤回廣東地區，十八日開始撤離海南島。

**佐世保航空隊**：原屬日本海軍佐世保鎮守府。民國三十二年（1943）五月七日，日本海軍部命令，十日後歸海南警備府指揮。十二日，佐世保航空隊廣木武少校為派遣隊長，率戰鬥機九架，進駐三亞航空基地，負責海南島防空任務。

此外，尚有日本兩大軍事企業，負責掠奪海南島礦產資源任務。

**一為日窒素肥料株式會社**：負責掠奪石碌鐵礦的軍事企業。海南島石碌鐵礦是中國含鐵量豐的礦山之一，亦係世界稀有的富礦，日本人垂涎三尺，覬覦已久。於是日軍一佔領海南，就派出大量技術專家進行勘測，并從各地徵集大批勞工，進行掠奪性開採。授權日窒素肥料株式會社投資開發，計畫在三年採完。

據相關部門統計，自民國三十年（1941）至三十三年（1944），日本在石碌鐵礦共開採礦石六九五二七四噸（計1941 年五千噸、1942 年九五七二四噸、1943 年三九三五五三噸、1944 年二〇〇九九七噸），共掠奪外運礦石六九四九四五噸（計 1941 年一六二〇噸、1942 年九六六九〇噸、1943 年三九七八五五噸、1944 年一九八七八〇噸）。先後從各地徵集勞工約四萬餘人（或謂六萬餘人，島外有二萬五千人以上），後被殺死、活埋及病死、餓死、累死者不計其數，迨日本投降時僅存五千八百餘人。

**二為石原株式會社**：負責掠奪田獨鐵礦的軍事企業。民

國二十八年（1939）三月，日本派海軍特務部北浦大佐，帶
領地質隊及工程人員勘察田獨資源，發現田獨鐵礦。四月，
日本派石原株式會社技師松山到田獨詳加復勘，發現鐵礦質
量優異，為各地所罕見。五月，日本授權石原株式會社投資
開採田獨鐵礦，第一期掠奪工程年產量三〇萬噸，計畫在次
年（1940）投產。

　　據相關部門統計，自民國二十九年（1940）至三十三年
（1944），日本在田獨鐵礦共開採礦石二六九一六三二噸（計
1940年一六九五九九噸、1941年三五五九二一噸、1942年
八九三八二四噸、1943年九一八五一一噸、1944年三五三七
七七噸），共掠奪外運礦石二六三三三六二九噸（計1940年一
六九〇六三噸、1941年三五五六〇九噸、1942年八八四三二
九噸、1943年九一八三五二噸、1944年三〇六二七六噸）。
先後從各地徵集勞工達三萬人，於六年間被日軍打死，活埋
及病死、餓死、累死有一萬餘人，死後埋在一坑，成為有名
“萬人坑”。田獨萬人坑，乃日軍掠奪瓊島資源，暨殺害中
國萬名礦工的罪惡遺址。

　　**（二）偽瓊崖臨時政府**：乃日軍侵瓊期間（1939.2～
1945.8），全瓊最高漢奸傀儡政權。前身為「海口治安維持
會」（會址在今中山路），民國二十八年（1939）二月十六
日成立，會長為毛鏡澄。五月，改為「瓊崖臨時政務委員會」
（或謂改為「瓊崖自治委員會」），委員長趙士桓，副委員
長吳直夫，委員詹松年、林耀李、毛鏡澄（兼海口維持會會
長）、李濟民、李志健、謝若愚、劉乙公。

　　瓊崖臨時政務委員會，下設：秘書處（林耀李兼處長）、

民政處（劉乙公兼處長）、財經處（謝若愚兼處長）、警務
處（詹松年兼處長）、建設處（李志健兼處長）、高等法院
（或謂劉乙公兼院長）。另設：治安部，由趙士桓、吳直夫
分別兼任正、副部長。於部之下，設治安處，由王欽宇為處
長。

　　此外，在海口建立「偽瓊崖民眾自衛軍」（或謂：民眾
自衛團），由詹松年兼司令，馮致臣為參謀長。於淪陷各縣
城、鄉鎮及重要地區，分別建立治安維持總會、維持會、維
持分會，各設會長。

　　民國二十九年（1940）春（或謂 1942 年），日軍改「瓊
崖臨時政務委員會」，稱為「瓊崖臨時政府」，正、副委員
長改稱正、副主席，仍以趙士桓、吳直夫任之，府治在今海
口市圖書館。除秘書處外，其餘各處皆改為廳。民政廳長，
改由吳直夫兼，吳玉衡副之。財經處改為財政廳，以潘明允
為廳長。各縣治安維持會，皆改為縣政府。

　　民國三十四年（1945）八月十五日，日本投降後，偽瓊
崖民眾自衛軍，被改編為獨立旅，仍由詹松年任旅長，負責
海南地方治安（時瓊崖守備司令王毅所率部隊，人數十倍於
偽軍，並未編用）。

　　**三、復員時期**：自民國三十四年（1945）八月，至三十
九年（1950）四月，海南易幟，轉進臺灣。

　　民國三十四年（1945）八月十五日，日本宣佈無條件投
降，瓊島日軍派代表向瓊崖守備司令王毅洽談投降。王毅移
司令部於定安縣城，就近指揮。十月，第四十六軍軍長韓練
成奉命率部來瓊接收。

　　瓊崖守備司令部，暨所屬部隊（含各縣游擊隊），奉命一律解散，官佐送第九軍官總隊收容，士兵選撥各縣編義勇隊。王毅乃發佈〈告別瓊崖同胞書〉，悄然渡海赴重慶，官兵聞之，無不悲憤（詳見《海南近志》頁 175）。

　　在海口特設「廣東省主席駐瓊崖辦公處」，任命蔡勁軍為辦公處主任。是年（1945）冬天，第九區行政督察專員，兼區保安司令丘岳宋去職，遺缺由蔡勁軍兼任。

　　民國三十五年（1946）丙戌，中樞特派宣慰使陳濟棠，來瓊宣慰抗戰軍民。陳氏將隨時逮捕漢奸趙士桓等人之明令，交駐軍第六十四軍軍長韓練成執行，送法院治罪。時趙士桓已逃日本外，吳直夫以下諸人皆被逮捕繫獄，經瓊山地方法院初審，各判死刑。抗戰軍民聞息，大快人心。然吳直夫等人上訴，高等法院第三分院覆審，判稱吳直夫等人，皆奉命掩護政府地下工作人員，効忠國家，將功抵罪，全部釋放（參見《海南近志》頁 181）。同年，蔡勁軍又兼任瓊崖剿匪指揮。

　　民國三十六年（1947）十一月，廣東省主席駐瓊崖辦公處裁撤，蔡勁軍所有本兼各職俱免。第九區行政督察專員兼區保安司令，以韓漢英接充。原設「剿匪指揮部」。改為「清剿司令部」。司令由韓漢英兼任，許國鈞任副司令（軍政大小事務，悉由國鈞代勞）。

　　民國三十八年（1949）一月二十一日，第九區行政督察專員公署、區保安司令部、清剿司令部皆撤銷，韓漢英本兼各職俱免。三月，設海南特別行政區，陳濟棠任命為行政長官，兼海南建省籌備委員會主任委員、海南特別行政區特別黨部主任委員、海南警備總司令。四月一日，陳濟棠在海口市就職，海南特別行政區長官公署，暨海南建省籌備委員會等機構正式成立，直隸行政院。

同年（1949）六月六日，總統明令公佈"海南特別行政區長官公署"，暨"海南建省籌備委員會"組織條例。規定海南特別行政區領域，包括東沙、西沙、中沙、南沙等群島及其附屬島嶼。同時劃分十六縣爲三行政督察區，設行政督察專員。以瓊山、文昌、定安、瓊東、樂會、萬寧六縣爲第一區，楊永仁任專員，專員公署駐在嘉積。澄邁、臨高、儋縣、昌江、白沙五縣爲第二區，王鳳崗任專員，專員公署設在金江。崖縣、陵水、感恩、保亭、樂東五縣爲第三區，丘岳宋任專員，專員公署設在榆林。

十二月一日，撤銷海南警備總司令部，成立「海南防衛總司令部」（爲全瓊最高軍事機構），駐府城五公祠，薛岳任總司令，李揚敬爲參謀長，統轄全瓊海陸空軍部隊。

是年（1949）冬，海南特別行政區長官公署增設副長官，以余漢謀任之。而三區專員公署俱裁撤，改置三個保安師。同年（1949），恢復海口市，並設置榆林市。

海南防衛總司令部成立後，各軍防地重新布置，環島沿海防地相接，守軍相望互應，自東北，起於文昌，西訖昌江，更是重兵所在，是稱"伯陵防線"。時薛岳、陳濟棠前後赴臺灣，向中樞請求給養支援。國防部稱：海南與臺灣相距遙遠，海臺并守，接濟不易，海南失守，臺灣不能獨存。若放棄海南，共守臺灣，臺灣才能鞏固，且免運輸之勞。於是，薛、陳雖力爭不得耶。

　　按海南距雷州半島太近，瓊州海峽又狹窄，且共軍以“人海戰術”見稱，兼以土共又善長“游擊戰術”，內應外合，致海南防衛非常困難。

　　民國三十九年（1950）一月，海南特別行政區長官公署設行署，駐榆林「瓊南要塞司令部」內，使秘書長謝鶴年主持之，作轉進之準備。是“行署”設立，於法有不合，似難從之（陳植《海南島新志》第五章）。

　　四月十六日，共軍主力強行登陸，突破“伯陵防線”。時國防部派海軍總司令桂永清，美國海軍上將柯克，同來海口協助撤守，所有運輸船艦俱已預備。

　　四月二十一日清晨，撤守緊急令下，海南黨政軍等機構人員及眷屬，官兵及地方忠義之士，分赴八所、北黎、烏場、新村、榆林等港，登艦轉進臺灣。其海南特別行政區長官公署，海南建省籌備委員會，暨海南防衛總司令部等機構，亦隨之俱廢矣。

# 附錄二：海南建置沿革表

## 漢代海南建置表
### (二郡十六縣)

交趾刺史部
元封六年（105B.C）

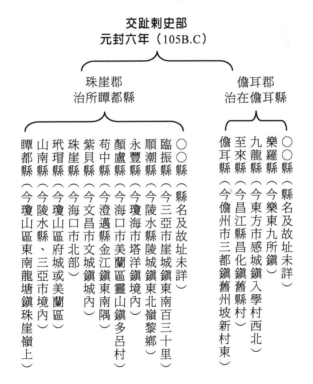

珠崖郡
治所瞫都縣

儋耳郡
治在儋耳縣

瞫都縣（今瓊山區東南龍塘鎮珠崖嶺上）
山南縣（今瓊山區府城或美蘭區）
玳瑁縣（今陵水縣、三亞市境內）
珠崖縣（今海口市北部）
紫貝縣（今文昌市文城鎮城內）
苟中縣（今澄邁縣金江鎮城內）
顏盧縣（今海口市美蘭區靈山鎮多呂村）
永豐縣（今瓊海市塔洋鎮境內）
順潮縣（今陵水縣陵城鎮東北嶺黎鄉）
臨振縣（今三亞市崖城鎮東南百三十里）
○○縣（縣名及故址未詳）

儋耳縣（今儋州市三都鎮舊州坡新村東）
至來縣（今昌江縣昌化鎮舊縣村）
九龍縣（今東方市感城鎮入學村西北）
樂羅縣（今樂東九所鎮）
○○縣（縣名及故址未詳）

說　明：
一、漢武帝元封元年（110B.C）置珠崖、儋耳二郡，直隸中央政府。
二、漢武帝元封六年（105B.C）置交趾刺史，珠崖、儋耳二郡，督於交趾刺史部。
三、兩漢三國時代，先後罷郡（儋耳、珠崖），僅置朱盧、珠琯二縣，屬合浦郡，隸於交州。

# 唐代海南建置表
## （六州、二十一縣）

### 乾元元年至咸通五年
### （758～864）

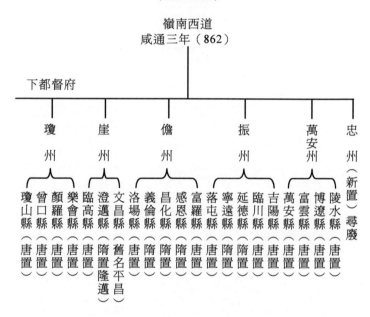

嶺南西道
咸通三年（862）

下都督府

| 瓊州 | 崖州 | 儋州 | 振州 | 萬安州 | 忠州（新置）尋廢 |
|---|---|---|---|---|---|

瓊山縣（唐置）
曾口縣（唐置）
顏羅縣（唐置）
樂會縣（唐置）
臨高縣（唐置）
澄邁縣（隋置）
文昌縣（舊名平昌）
洛場縣（唐置）
義倫縣（隋置）
昌化縣（隋置）
感恩縣（隋置）
富羅縣（唐置）
落屯縣（唐置）
寧遠縣（隋置）
延德縣（隋置）
臨川縣（唐置）
吉陽縣（唐置）
萬安縣（唐置）
富雲縣（唐置）
博遼縣（唐置）
陵水縣（唐置）

　說　明：
　一、唐龍朔二年（662）壬戌，增置萬安州（領四縣）。於是海南
　　　共有五州，乃開建以來，在建置史上最盛時期。
　二、唐乾封（667）後，瓊州屬縣，除臨機外，大部份境地陷於蠻
　　　峒。於是瓊州屬四縣行政陷於癱瘓狀態，互達一百二十七年。
　三、唐貞元五年（789）己巳，嶺南節度使李復討平蠻峒，瓊州屬
　　　四縣始告重光。並奏升瓊州並爲下都督府。
　四、唐咸通五年（864）甲申，於古瓊山縣南境黎峒（今定安西南
　　　峒）置忠州，未幾即廢，然事實上海南僅置五州。

# 明代海南建置表

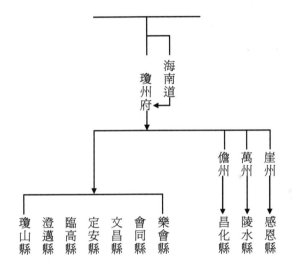

**廣東承宣布政使司**
**洪武九年（1376）**

瓊州府 → 海南道

儋州　萬州　崖州

瓊山縣　澄邁縣　臨高縣　定安縣　文昌縣　會同縣　樂會縣

昌化縣　陵水縣　感恩縣

說　明：
一、明洪武三年（1370）庚戌，乃由廣東衛指揮僉事孫安奏請升瓊
　　州爲府，派宋希顏爲首任知府。
二、明洪武九年（1376）丙辰，改屬廣東承宣布政使司。並析海北
　　海南道宣慰司，置海南道，治設瓊州。
三、明正統四年（1439）己未，以儋州治宜倫縣入儋州，萬州治萬
　　寧縣入萬州，崖州治寧遠縣入崖州。

# 清代海南建置表

## 光緒三十一年至宣統三年
### （1905～1911）
### 隸於廣東

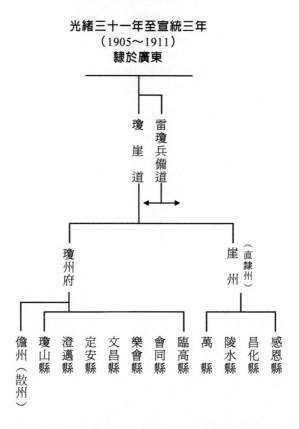

說　明：

一、清順治九年（1652）八月，清兵渡瓊，建置因襲明制，於府外設按察司副使兼提學。

二、清康熙十三年（1674）甲寅，改設分巡雷瓊道。於康熙四十五年（1706）丙戌，裁提學。

三、清雍正八年（1730）庚戌，改爲分巡海南道加兵備銜。於乾隆四年（1739）己未，改名分巡雷瓊兵備道，亙達一百五十餘年。

四、清光緒三十一年（1905）乙巳，改置瓊崖道。於瓊州府領州一、縣七，升崖州爲直隸州，領縣四，降萬州爲萬縣屬之。

# 民國海南建置表

**民國元年至三十九年**
**（1912～1950）**
**瓊崖道（區）**
**隸廣東省**

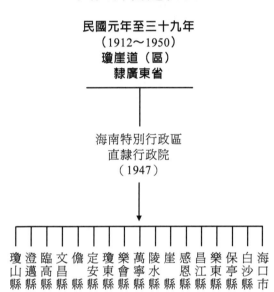

海南特別行政區
直隸行政院
（1947）

| 瓊山縣 | 澄邁縣 | 臨高縣 | 文昌縣 | 儋縣 | 定安縣 | 瓊東縣 | 樂會縣 | 萬寧縣 | 陵水縣 | 崖縣 | 感恩縣 | 昌江縣 | 樂東縣 | 保亭縣 | 白沙縣 | 海口市 |
|---|---|---|---|---|---|---|---|---|---|---|---|---|---|---|---|---|

說　明：

一、中華民國肇立，瓊崖道依舊，領十三縣，隸屬廣東省都督府。

二、民國二十四年（1935）乙亥，廣東省政府，據駐軍首長兼瓊崖撫黎專員陳漢光建議，就瓊山、定安、樂會、萬寧、陵水、儋縣、昌江、感恩、崖縣等九縣境內黎區，劃出七十二峒，分置樂東、保亭、白沙三縣。於是瓊崖區領縣，增爲十六縣，仍隸廣東省政府。

三、民國三十六年（1947）八月，行政院院務會議通過，以瓊崖改置海南特別行政區，直隸行政院，治設海口市，其轄管區域，除瓊崖區十六縣外，並轄南海諸群島。

四、民國三十九年（1950）五月，海南易幟，國民政府遷臺，建省籌備工作頓停。

# 海南省行政區表

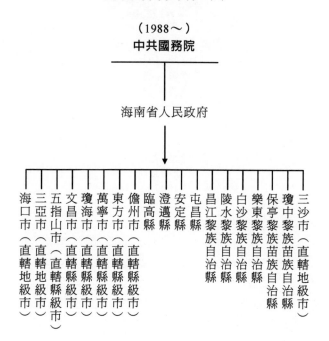

（1988～）
中共國務院

海南省人民政府

海口市（直轄地級市）　三亞市（直轄地級市）　五指山市（直轄縣級市）　文昌市（直轄縣級市）　瓊海市（直轄縣級市）　萬寧市（直轄縣級市）　東方市（直轄縣級市）　儋州市（直轄縣級市）　臨高縣　澄邁縣　安定縣　屯昌縣　昌江黎族自治縣　陵水黎族自治縣　白沙黎族自治縣　樂東黎族自治縣　保亭黎族苗族自治縣　瓊中黎族苗族自治縣　三沙市（直轄地級市）

說　明：

一、一九四九年（己丑）十月一日，中華人民共和國成立。次年（1950）庚寅歲四月，海南易幟，中共以海南特別行政區（原隸中央行政院），改置海南行政區，隸屬於廣東省人民政府（行政管轄區域）。

二、一九五二年（壬辰）四月至一九八七年（丁卯）十二月，置海南黎族苗族自治州，治設通什鎮（今五指山市），轄東方、樂東、崖縣（今三亞市）、陵水、保亭、瓊中、白沙、昌江等八縣。

三、一九八八年（戊辰）四月十三日，中共宣布海南建省，成為中國第五個經濟特區。今行政區劃名稱：海口、三亞（地級）市、五指山、文昌、儋州、瓊海、萬寧、東方（縣級）市、澄邁、臨高、定安、屯昌、瓊中、陵水、樂東、保亭、白沙、昌江十縣，暨三沙市（駐永興島）。

# 參考文獻書目

《二十四史》　漢・司馬遷等纂

　　民國五十六年（1967）　臺北市　臺灣商務印書館

　　（臺一版）　百納本

《大清一統志表》　清・萬芝堂校

　　清乾隆五十八年（1793）陳蘭森序　刊本

《輿地廣記》　北宋・歐陽忞撰

　　清嘉慶十七年（1812）重刻曝書樓宋刻本

《道光　廣東通志》　清・阮　元修

　　民國五十七年（1968）十月　臺北市　華文書局

　　影印本（據清道光二年修　同治三年重刊本）

《道光　瓊州府志》　清・張岳崧纂

　　民國五十六年（1967）十二月　臺北市　成文出版社

　　影印本（據清道光二十一年修　光緒十六年補刊本）

《民國　儋縣志》　彭元藻修　王國憲纂

　　民國二十五年（1936）五月　海口市　海南書局　石印本

《道光　萬州志》　清・胡端書修

　　清道光八年（1828）刊本　崇聖祠藏板

　　民國三十七年（1948）　鉛印本

《光緒　崖州志》　清・鍾元棣修

一九八三年四月　廣州市　廣東人民出版社　簡字橫排
本（據清光緒二十七年修　光緒三十四年補刊　民國
三年鉛印本）

《民國　瓊山縣志》　徐　淦等修
民國五十三年（1964）　臺北市　影印本
（據民國六年刊本　瓊山學校藏板）

《光緒　澄邁縣志》　清・龍朝翊修
清光緒三十四年（1908）序　刊本

《光緒　臨高縣志》　清・聶緝慶修
民國六十三年（1974）六月　臺北市　成文出版社
影印本（據清光緒十八年刊本　臨江書院藏板）

《光緒　定安縣志》　清・吳應廉修
民國五十七年（1968）　臺北市　影印本
（據清光緒四年　刊本）

《民國　文昌縣志》　李鍾嶽修
民國九年（1920）刊本　蔚文公所藏板

《嘉慶　會同縣志》　清・陳述芹修
民國六十三年（1974）　臺北市　成文出版社　影印本
（據清嘉慶二十五年修　民國十四年鉛印本）

《宣統　樂會縣志》　林大華纂修
清宣統三年（1911）孟夏月　會文石印本

《光緒　昌化縣志》　清・李有益修
清光緒二十三年（1897）　刊本

《乾隆　陵水縣志》　清・瞿雲魁修
清乾隆五十七年（1792）　刊本

《民國 感恩縣志》 周文海修
　　民國五十七年（1968）十二月 臺北市 成文出版社
　　影印本（據民國二十年 海南書局 鉛印本）
《海南島志》 陳朝樞纂
　　民國二十二年（1933） 上海市 神州國光社
《海南島新志》 陳 植
　　民國三十七年（1948） 上海商務印書館
《海南簡史》 陳劍流 冼昌榮
　　—— 海南歷代行政區劃考
　　民國五十六年（1967） 臺北市 明德出版社
《海南島史》 日・小葉田淳著 張迅齊譯
　　民國六十八年（1979） 臺北市 學海出版社
《海南近志》 王家槐
　　民國八十二年（1993） 臺中市 吳乾華刊行
《三亞落筆洞遺址》 郝思德 黃萬波
　　一九九八年 海口市 南方出版社
《海南島歷代建置沿革考》 李 勃
　　二〇〇八年 海口市 海南出版社 南方出版社

王著《海南方志資料綜錄》書影
文史哲出版社本

# 撰者專著

## 一、海南文獻叢刊

**海南文獻資料簡介**
　　民國七十二年　臺北市　文史哲出版社
**海南文獻資料索引**
　　民國七十七年　臺北市　文史哲出版社
**日文海南資料綜錄**
　　民國八十二年　臺北市　文史哲出版社
**海南方志資料綜錄**
　　民國八十三年　臺北市　文史哲出版社
**走向世界　全盤西化：陳序經**
　　民國九十五年　新北市　國立臺灣圖書館
**海南王曰琪公次支系譜**
　　民國九十九年　臺北市　文史哲出版社
**海南方志探究　（上下冊）**
　　民國一〇一年　臺北市　文史哲出版社
**海南文化人**
　　民國一〇二年　臺北市　文史哲出版社
**海　瑞：明廉吏　海青天**
　　民國一〇二年　臺北市　文史哲出版社

**白玉蟾：學貫百家　書畫雙絕**
　　民國一〇二年　臺北市　文史哲出版社
**海南建置沿革史**
　　民國一〇二年　臺北市　文史哲出版社
**南海諸島史料綜錄**
　　民國一〇二年　臺北市　文史哲出版社
**羅門・蓉子：點線面**
　　民國七十八年　臺北市　手稿本
**王祿松：詩畫家　點線面**
　　民國九十三年　臺北市　手稿本

### 半完稿待梓者

　　丘濬：神童・賢輔・宗師（風格、勛業，待完稿）
　　海南作家與作品（建卡完）
　　海南公文書類綜錄（尙待抄稿）
　　海南戲曲（緒言、結語）
　　陸官校：海南校友錄（資料完備尙待抄稿）
　　海南文獻知見錄（1950 年後、中國出版品）
　　海南文獻待訪錄（佚書錄）
　　海南文獻史料綜錄（增補本）
　　歷代瓊人著述書錄（待抄稿）
　　廣東文獻：海南史料通檢（半完稿）
　　海南文史評論集（結集中）

# 二、和怡書屋叢刊

**公共行政書錄**

　　民國六十八年二月　臺北市　手稿本

**中華民國企業管理資料總錄**

　　民國六十八年　臺北市　哈佛企業管理顧問公司

**公文寫作指南**

　　民國七十二年　臺北市　文史哲出版社

**縮影圖書資料管理**

　　民國七十二年　臺北市　文史哲出版社

**視聽資料管理：縮影研究**

　　民國七十四年　臺北市　文史哲出版社

**縮影資訊系統研究**

　　民國七十七年　臺北市　文史哲出版社

**同文合體字**

　　民國一○一年　臺北市　文史哲出版社

同文合體字字典（待印中）

廣東八大先賢綜傳（半完稿）

和怡書屋文集（輯印中）

海南文獻叢刊·方志二

# 海南方志探究

## 上冊

## 王會均著

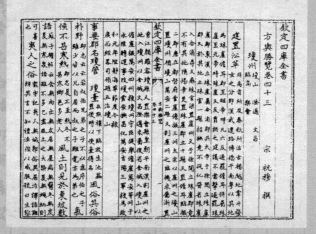

文史哲出版社印行

王著《海南方志探究》書影
文史哲出版社本